ZEVEN EIGENSCHAPPEN DIE JOU SUCCESVOL MAKEN!
WERKBOEK

D1662815

Zeven eigenschappen die jou succesvol maken!

WERKBOEK

Sean Covey

Uitgeverij Business Contact
Amsterdam/Antwerpen

Oorspronkelijke titel: *The 7 Habits of Highly Effective Teens. Personal Workbook*
Vertaling: Carry Oomis-Rovers en Minke Sikkema
Omslagontwerp: Zeno
Boekverzorging: LINE UP tekstprodukties bv, Groningen

ISBN 90 470 0172 9
D/2006/0108/325
NUR 240, 770

www.businesscontact.nl
www.franklincovey.nl

Inhoud

Meer voldoendes en voldoening

Voor je ligt een belangrijk werkboek. Een boek voor *jou*, dat nu eens niet gaat over lesstof en schoolkennis, maar een boek dat jou helpt om door middel van levensechte opdrachten een overwinning op jezelf te behalen. Dit werkboek hoort bij het boek *Zeven eigenschappen die jou succesvol maken!* van Sean Covey. Door met het boek en deze oefeningen aan de slag te gaan, zul je meer succes boeken in je leven en op school. Je krijgt geen feiten geleerd, maar je leert hoe je zelf invloed kunt uitoefenen op je leerproces. Je wordt zelfstandig en neemt verantwoordelijkheid voor je eigen daden – successen én fouten. Je leert jezelf beter kennen en meer uit jezelf te halen. Zo werk je stap voor stap aan je toekomst – natuurlijk binnen jouw mogelijkheden, maar wel met maximaal gebruik van jouw talenten.

Met behulp van *Zeven eigenschappen die jou succesvol maken!* en dit werkboek (en misschien de hulp van een vriend, ouder, docent of begeleider) kun je snel en duidelijk in kaart brengen wie je bent, wat je wilt en hoe je dit gaat bereiken. Jezelf sturen in het leven – we noemen dit ook wel 'persoonlijk leiderschap' – werkt vaak veel beter dan alleen maar doen wat je school, de maatschappij of je ouders van je vragen. Je bent toch geen doos die je thuis of op school maar even 'volgooit' met kennis en vaardigheden waar je niet om gevraagd hebt! Je wilt vol energie vooruitkomen, succesvol zijn en gelukkig worden – op jouw manier. Veel plezier bij het ontdekken van je doelen, je passie, je motivatie en *jezelf!*

Dit werkboek is een directe vertaling van The 7 Habits of Highly Effective Teens – Personal Workbook. *Uitgeverij Business Contact werkte hiervoor samen met de onderwijstak van FranklinCovey Nederland,* FCOG.
Voor gebruik bij diverse vormen van onderwijs in Nederland en België heeft de FranklinCovey Onderwijsgroep een aparte handleiding, een training, en begeleiding bij een invoeringstraject beschikbaar. Meer informatie hierover vind je achterin en op www.franklincovey.nl.

Welkom!

Je denkt misschien: 'Wat moet ik nou met dit werkboek? Ik heb al genoeg te doen voor school.'

Ik neem het je niet kwalijk als je dat denkt, want toen ik een tiener was, dacht ik net zo. Maar laat ik me even voorstellen. Mijn naam is Sean en ik ben de schrijver van dit werkboek, dat hoort bij het boek *Zeven eigenschappen die jou succesvol maken!* Want weet je, hoewel ik allang geen tiener meer ben, herinner ik me nog goed hoe het was. Ik had het gevoel alsof ik continu in een achtbaan zat. Als ik eraan terugdenk, ben ik verbaasd dat ik er doorheen gekomen ben. Maar het was op het randje. En toch, na alles wat ik heb doorgemaakt, moet ik toegeven dat het leven vandaag de dag voor tieners nog veel moeilijker is. Het lijkt wel een jungle. Onlangs sprak ik met een paar tieners en vroeg hun: 'Wat zijn de grootste uitdagingen in je leven?' Hun antwoord luidde als volgt:

'Het goed doen op school.'
'Goed kunnen opschieten met mijn ouders.'
'Goed in mijn vel zitten.'
'Erbij horen en vrienden maken.'
'Hoe om te gaan met afspraakjes en seks.'
'De juiste keuzes maken als het gaat om alcohol, roken en drugs.'

Er werden nog heel veel andere uitdagingen genoemd, maar dit waren wel de belangrijkste. En daarom heb ik *Zeven eigenschappen die jou succesvol maken!* en dit werkboek geschreven. Ik heb deze boeken geschreven om je te helpen met zulke uitdagingen om te gaan en je weg te vinden in de jungle, zodat je die niet maar net overleeft maar er beter en sterker uitkomt.

Dit werkboek is speciaal voor jou geschreven. Het staat vol leuke activiteiten, persoonlijke vragen, introspectieve vragen en nog veel meer. Maar maak je geen zorgen, het is geen huiswerk. Het is meer een persoonlijk dagboek dat erop gericht is jou te helpen sericus na te denken over je leven en je sterke en zwakke punten te leren kennen. (Als je dus niet wilt dat anderen het lezen, laat het dan aan niemand zien.) Het zal je helpen duidelijk te krijgen welke kant je opgaat met je leven. Het zal je op de proef stellen. Het zal je helpen te ontdekken waar je misschien de verkeerde weg bent opgegaan en het zal je helpen opnieuw te beginnen. Je zult worden gevraagd je diepste gevoelens en verlangens op te schrijven. Al met al zal dit boek je helpen betere gewoonten aan te leren zodat je gelukkiger zult zijn.

Hoe je dit werkboek het best kunt gebruiken

Een paar tips om zo veel mogelijk plezier te beleven aan dit werkboek:
- Maak aantekeningen en markeer dingen! Pak een potlood, pen of markeerstift en onderstreep, omcirkel of markeer de dingen die je wilt onthouden. Schrijf opmerkingen in de kantlijn. Maak tekeningetjes. Maak aantekeningen voor jezelf. Boeken en werkboeken zijn er om in te schrijven, dus maak er je eigen boek van. Leef je uit!
- Schrijf, schrijf, schrijf. Probeer de activiteiten en oefeningen eens uit. Hoe meer je schrijft, hoe meer je over jezelf te weten komt. Je zou wel eens heel nieuwe facetten van jezelf kunnen ontdekken waarvan je helemaal niet wist dat je die had.
- Noteer je favoriete citaten. Er staan een heleboel leuke citaten in dit werkboek. Schrijf de citaten die je leuk vindt over en hang ze ergens op waar je ze kunt zien, bijvoorbeeld op een spiegel of in je kluisje op school.
- Pas de zeven eigenschappen of gewoonten toe in 'jouw' leven. Denk niet: 'Mijn vriend zou dit werkboek moeten hebben' of: 'M'n ouders zouden dit eens moeten lezen!' Concentreer je in plaats daarvan op hoe jij jezelf kunt verbeteren en de informatie kunt toepassen op de uitdagingen waar jij voor staat in je leven.
- Deel dat wat je leert met anderen. Bespreek je favoriete ideeën met een goede vriend of vriendin of je vader of moeder of voogd of een andere volwassene die een belangrijke rol speelt in je leven. Vertel hen over de beloften die je aan jezelf gedaan hebt en hoe je wilt veranderen en vraag hen om hulp.
- Blader door het werkboek. Je hoeft het niet van voor tot achter, bladzijde voor bladzijde door te werken. Blader erdoorheen en doe de activiteiten die je op dat moment leuk lijken. Op die manier is het veel leuker.

Gebruik het boek *Zeven eigenschappen die jou succesvol maken!*

Wil je het uiterste halen uit dit werkboek, dan heb je ook een exemplaar nodig van *Zeven eigenschappen die jou succesvol maken!* In dat boek vind je de achtergrondinformatie en uitleg over de zeven eigenschappen en ook een paar goede verhalen zodat alles duidelijk wordt. In dit werkboek verwijs ik naar paginanummers zodat je snel het andere boek kunt raadplegen als je je geheugen wilt opfrissen.

Denk na over wat je leert

Neem ten slotte nu een paar minuten de tijd om dit werkboek door te kijken en een idee te krijgen van dit werkboekconcept. Schrijf daarna je persoonlijke verwachtingen op, gebaseerd op de volgende belangrijke punten:

Wanneer ik dit werkboek heb doorgewerkt, hoop ik het volgende te hebben geleerd:

De grootste uitdaging waar ik nu voor sta, is:

Het werkboek kan me helpen die uitdaging aan te gaan door:

Ik hoop dat je een plezierige persoonlijke reis door dit werkboek beleeft. Prettige reis!

Gewoonten aanleren

Ze kunnen je maken of breken

Wat zijn gewoonten eigenlijk?

Lees pagina 15 van *Zeven eigenschappen die jou succesvol maken!* De zeven eigenschappen of gewoonten van succesvolle tieners zijn:

Gewoonte 1: **Wees proactief (vooruitziend)**
Neem de verantwoordelijkheid voor je leven.

Gewoonte 2: **Begin met het eind in gedachten**
Omschrijf je missie en je doelen in het leven.

Gewoonte 3: **Belangrijke zaken eerst**
Doe de belangrijkste dingen eerst.

Gewoonte 4: **Denk win-win**
Ga ervan uit dat iedereen kan winnen.

Gewoonte 5: **Eerst begrijpen, dan begrepen worden**
Luister echt naar mensen.

Gewoonte 6: **Synergie**
Als je samenwerkt, bereik je meer.

Gewoonte 7: **Houd de zaag scherp**
Vernieuw jezelf regelmatig.

> Eerst maken we onze gewoonten, dan maken onze gewoonten ons.
> JOHN DRYDEN

Gewoonten zijn dingen die je herhaaldelijk doet. Meestal merk je echter nauwelijks dat je die gewoonten hebt. Ze werken op de automatische piloot. Gewoonten kunnen je maken of breken, afhankelijk van de gewoonten die je hebt. Je wordt wat je regelmatig doet. Gelukkig ben je sterker dan je gewoonten.

Laten we eens kijken naar enkele goede gewoonten die je nu hebt. (Goede gewoonten zijn bijvoorbeeld regelmatig bewegen, een trouwe vriend zijn of op tijd komen.)

Nadenken over je gewoonten

Vier heel goede gewoonten van mij zijn:

1. . . . .

2. . . . .

3. . . . .

4. . . . .

De reden dat ik vasthoud aan deze gewoonten is:

De voordelen van die goede gewoonten zijn: (Bijvoorbeeld: ik heb de gewoonte te glimlachen naar mensen die ik ontmoet en nu zijn mensen vriendelijker tegen mij.)

Gewoonten zijn niet altijd positief. Ze kunnen goed, slecht of gewoon neutraal zijn. Enkele van mijn neutrale gewoonten (ze zijn niet goed en niet slecht – het zijn gewoon gewoonten) zijn: (Bijvoorbeeld: ik trek eerst een sok en een schoen aan en dan de andere sok en de andere schoen.)

Noem nu enkele gewoonten waar je niet zo trots op bent. Maak de volgende zinnen af:

Op dit moment zijn mijn slechtste gewoonten:

De reden dat ik die slechte gewoonten heb, is:

Ik heb deze slechte gewoonten al (dagen, weken, jaren?):

De nadelige gevolgen van die slechte gewoonten zijn: (Bijvoorbeeld: ik kom te laat op school waardoor ik 's middags na moet blijven.)

Uit de bovenstaande lijst met slechte gewoonten is de gewoonte die ik het liefst wil veranderen:

Slecht in goed veranderen

Vul in de volgende tabel de gewoonten in die je hiervoor genoemd hebt. Houd deze tabel de komende week bij de hand en gebruik die als middel om je eraan te helpen herinneren je slechte gewoonten te veranderen in goede gewoonten.

Slechte gewoonte die ik wil veranderen	Goede gewoonte waarmee ik die wil vervangen
Op school:	
1.	1. . . . .
2.	2. . . . .
3.	3. . . . .
Thuis:	
1.	1. . . . .
2.	2. . . . .
3.	3. . . . .
Bij vrienden:	
1.	1. . . . .
2.	2. . . . .
3.	3. . . . .
Overig:	
1.	1. . . . .
2.	2. . . . .
3.	3. . . . .

Het fijne van de zeven gewoonten is dat ze op elkaar gebaseerd zijn. Het is een kwestie van ontwikkeling – net zoals je eerst leert tellen voordat je leert rekenen en eerst het alfabet leert voordat je leert spellen of eerst een stevige fundering legt voordat je een wolkenkrabber bouwt. Bomen groeien ook op die manier; ze ontwikkelen eerst sterke wortels voordat de stam, de takken of de bladeren beginnen te groeien.

Vul op basis van wat je tot nu toe geleerd hebt, de gewoonten in op de boom.

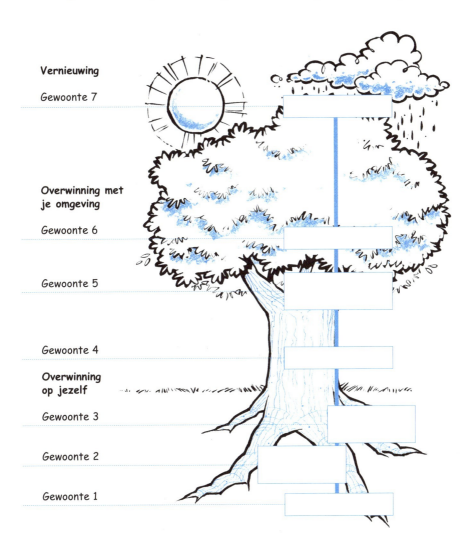

Vernieuwing

Gewoonte 7

Overwinning met je omgeving

Gewoonte 6

Gewoonte 5

Gewoonte 4

Overwinning op jezelf

Gewoonte 3

Gewoonte 2

Gewoonte 1

Paradigma's en principes

Wat je ziet is wat je krijgt

Wat is een paradigma?

Een paradigma is de manier waarop je iets ziet – je mening, referentiekader of overtuiging. Zoals je misschien is opgevallen, kloppen je paradigma's soms wel en soms helemaal niet en zijn ze soms verkeerd of niet volledig. Wist je dat van de middeleeuwen tot aan het eind van de negentiende eeuw dokters dachten dat iemand die ziek was, verontreinigd bloed had? Ze deden dan aan aderlating: ze tapten net zo veel bloed af totdat ze dachten dat al het 'verontreinigde' bloed weg was. Dit is ook waaraan George Washington, de eerste Amerikaanse president, gestorven is toen hij eigenlijk alleen maar een zere keel en koorts had. We weten nu dat er bacteriën zijn en dat die in verschillende delen van het lichaam en in verschillende vormen kunnen voorkomen. We behandelen ziekten nu met andere genezingsmethoden – we doen niet langer aan aderlating, want dat was een onjuiste en onvolledige methode om patiënten te genezen.

> Paradigma's zijn net brillen. Wanneer je incomplete paradigma's over jezelf of over het leven in het algemeen hebt, draag je in feite een bril met verkeerde glazen. Die glazen beïnvloeden hoe je al het andere ziet.
> SEAN COVEY

Top tien van de domste opmerkingen aller tijden:

10. 'Er is geen enkele reden waarom iemand thuis een computer zou moeten hebben.'
    KENNETH OLSEN, VOORZITTER EN STICHTER VAN DIGITAL EQUIPMENT CORPORATION, IN 1977

9. 'Vliegtuigen zijn leuk speelgoed, maar hebben geen enkele militaire waarde.'
   MAARSCHALK FERDINAND FOCH, FRANS MILITAIR STRATEEG EN LATERE
   OPPERBEVELHEBBER VAN HET FRANSE LEGER IN WO-I, IN 1911

8. 'De mens zal de maan nooit bereiken, hoeveel wetenschappelijke voor-
   uitgang er in de toekomst ook geboekt zal worden.'
   DR. LEE DE FOREST, UITVINDER VAN DE AUDION-BUIS EN GRONDLEGGER
   VAN DE RADIO, OP 25 FEBRUARI 1967

7. 'Televisie zal na de eerste zes maanden haar marktaandeel al snel verlie-
   zen. Mensen zullen er al snel genoeg van krijgen elke avond naar een
   multiplex kastje te gaan zitten staren.'
   DARRYL F. ZANUCK, DIRECTEUR 20TH CENTURY-FOX, IN 1946

6. 'Ze klinken niet bijzonder. Gitaargroepen zijn niet meer van deze tijd.'
   DECCA RECORDS BIJ HUN AFWIJZING VAN DE BEATLES IN 1962

5. 'Op de meeste mensen heeft het gebruik van tabak een positief effect.'
   DR. IAN G. MACDONALD, CHIRURG UIT LOS ANGELES, GECITEERD IN NEWS-
   WEEK, 18 NOVEMBER 1969

4. 'Deze "telefoon" heeft te veel gebreken om als communicatiemiddel
   serieus te worden genomen. Het apparaat heeft van zichzelf geen enkele
   waarde voor ons.'
   INTERNE MEMO WESTERN UNION, IN 1876

3. 'De aarde is het centrum van het heelal.'
   PTOLEMAEUS, DE BEROEMDE EGYPTISCHE ASTRONOOM, IN DE TWEEDE EEUW

2. 'Er is vandaag niets belangrijks gebeurd.'
   KING GEORGE III VAN ENGELAND OP 4 JULI 1776 (AMERIKAANSE ONAF-
   HANKELIJKHEIDSDAG)

1. 'Alles wat er uit te vinden is, is al uitgevonden.'
   CHARLES H. DUELL, DIRECTEUR PATENTENBUREAU IN DE VERENIGDE
   STATEN, IN 1899

Noem een paar andere paradigma's uit de geschiedenis die onjuist of onvolledig gebleken zijn: (Bijvoorbeeld: de wereld is plat.)

Wat voor impact hebben zulke onjuiste paradigma's uit de geschiedenis gehad op de wereld?

Paradigma's over jezelf

Een paradigma is de manier waarop je iets ziet – je mening, referentiekader of geloof. Een paradigma over jezelf is dus hoe jij jezelf ziet. Hoe je jezelf ook ziet, je hebt waarschijnlijk gelijk. Als jij denkt dat je het goed doet op school, dan doe je het waarschijnlijk ook goed op school. Als jij vindt dat je slecht bent in wiskunde, zul je ook slecht zijn in wiskunde. De paradigma's die je over jezelf hebt, kunnen een hulp zijn of een belemmering. Positieve zelfparadigma's kunnen het beste in je naar boven halen, terwijl negatieve zelfparadigma's je kunnen belemmeren.

Enkele positieve paradigma's die ik over mezelf heb, zijn:

Als iemand iets naar mij zou vernoemen, zou dat zijn:

Enkele negatieve paradigma's die ik over mezelf heb, zijn:

Paradigma's die mijn ouders of voogden, mijn baas op het werk of leraren op school over mij hebben, zijn:

Hun paradigma's komen overeen met die van mij (ja of nee):

Zouden ze gelijk kunnen hebben? Hoe kom ik daarachter?

Je zelfparadigma's analyseren

Lees de paragraaf 'Paradigma's over jezelf' op pagina 24-26 van *Zeven eigenschappen die jou succesvol maken!* Evalueer nu hoe jij jezelf ziet door de volgende tabel in te vullen.

	Ja	Nee
Ik houd rekening met de gevoelens van anderen		
Ik ben goed op school		
Ik ben een aardig iemand		
Ik ben over het algemeen gelukkig		
Ik ben intelligent		
Ik ben behulpzaam		
Ik ben sportief		
Ik ben getalenteerd		
Ik ben een doorzetter		
Ik ben een goed gezinslid		
Ik ben slecht		
Ik ben lui		
Ik ben zelden gelukkig		
Ik ben niet slim		
Ik ben nergens goed in		
Ik ben niet aantrekkelijk		
Ik ben niet populair		
Ik ben geen goede vriend/vriendin		
Ik ben niet eerlijk		
Ik ben onbetrouwbaar		

Als je minstens één negatief paradigma over jezelf hebt gevonden, vul je nu de volgende zin aan:

Eén negatief paradigma dat ik zou willen veranderen, is:

Paradigma's ontwikkelen

Als de paradigma's over jezelf helemaal niet kloppen, wat doe je dan?

Tijd doorbrengen met iemand die in me gelooft en mijn capaciteiten ziet. Voor mij is die persoon:

Vrienden laten vallen die negatief zijn over mij of denken dat ik ben zoals zij. Vrienden die ik misschien wel moet laten vallen, zijn:

Ooit...

Proberen om de dingen te bekijken zoals anderen ze zien om het paradigma te veranderen. Een situatie die ik van een andere kant moet proberen te bekijken, is:

Paradigma's over anderen

In het hoofdstuk 'Paradigma's en principes' leer je dat je niet alleen paradigma's hebt over jezelf, maar ook over anderen. En deze kunnen er helemaal naast zitten. Wanneer je een situatie vanuit een ander standpunt bekijkt, begrijp je soms beter waarom andere mensen op bepaalde manieren reageren. Soms vorm je je een oordeel over mensen zonder dat je alle feiten kent.

Je paradigma's zijn vaak onvolledig, onnauwkeurig of zitten er volledig naast. Daarom moet je niet zo snel oordelen, anderen een etiket opplakken of je mening klaar hebben over anderen, of uiteraard over jezelf. Vanuit jouw beperkte gezichtspunt zie je zelden het volledige beeld en beschik je zelden over alle feiten. Bovendien moet je je openstellen voor nieuwe informatie, ideeën en meningen en bereid zijn je paradigma's te veranderen wanneer duidelijk wordt dat ze onjuist zijn.

> Vriendschap met jezelf is van het grootste belang, omdat je anders met niemand ter wereld vrienden kunt zijn.
> ELEANOR ROOSEVELT

Iemand die ik wellicht verkeerd beoordeeld heb omdat ik niet alle details kende, is:

Ik ga dat paradigma veranderen door: (Beschrijf wat je nu direct hieraan kunt doen.)

FRANK EN ERNEST® door Bob Thaves

Ik kan anderen helpen te begrijpen dat hun paradigma's misschien wel onvolledig zijn: (Beschrijf wat je gaat doen of wat je plan is.)

Paradigma's over het leven

Je hebt niet alleen paradigma's over jezelf en anderen, maar ook paradigma's over de wereld in het algemeen. Wat het belangrijkst voor je is, wordt je paradigma, je bril, het centrum van je leven. Enkele veelvoorkomende centra in het leven van tieners zijn vrienden, spullen, vriend/vriendin, school, ouders, sport/hobby's, helden, vijanden, jezelf en je werk. Elk van deze paradigma's over het leven heeft goede punten, maar al deze paradigma's zijn op bepaalde punten onvolledig. Het hoofdstuk 'Paradigma's en principes' legt uit dat er één centrum is waar je altijd van op aan kunt — principes.

> Als je je leven niet in eigen hand neemt, moet je niet klagen als anderen de controle van je overnemen.
> BETH MENDE CONNEY

SORRY JONGENS, DIT DOE IK EVEN ALLEEN!

Beantwoord de volgende vragen om te bepalen wat het centrum van je leven is.

1. Het is dinsdagavond en je zit thuis je wiskunde-   A B C D E F
   huiswerk te maken. Het schiet niet erg op en het
   is saai. Je vrienden komen langs en vragen of je
   meegaat naar de snackbar. Wat doe je?
   a. Besluit je je huiswerk af te maken, ook al is het
      saai, kruis dan vakje F aan.
   b. Besluit je met je vrienden mee te gaan en zeg
      je tegen jezelf dat je je huiswerk later nog wel
      kunt doen, kruis dan vakje A aan.

2. Je ouders willen een weekje op vakantie met het   A B C D E F
   gezin. Jij wilt mee, maar als je een week vrij neemt
   van je werk, betekent dat dat je minder geld verdient om kleren te kopen. Wat doe je?
   a. Besluit je thuis te blijven en te gaan werken,
      kruis dan vakje B aan.
   b. Besluit je met je familie mee te gaan op vakan-
      tie, kruis dan vakje F aan.

3. Je bent je klaar aan het maken om uit te gaan met   A B C D E F
   je vrienden – ze kunnen er elk moment zijn. Dan
   belt je vriend/vriendin. Hij/zij vraagt of je langs-
   komt om een dvd'tje te kijken. Wat doe je?
   a. Besluit je naar je vriend/vriendin te gaan, kruis
      dan vakje C aan.
   b. Besluit je je vriend/vriendin te vertellen dat je
      al plannen hebt met vrienden, kruis dan vakje
      F aan.

4. Het is elf uur 's avonds en je bent aan het leren   A B C D E F
   voor een proefwerk Engels. Je bent al de hele
   avond aan het studeren en je bent er vrij zeker
   van dat je het proefwerk morgen goed zult maken.
   Je bent moe en wilt gaan slapen. Je hebt een 9,4
   gemiddeld voor Engels en als je nog iets langer
   doorleert om ervoor te zorgen dat je een 10 haalt,
   kun je een 10 halen voor je rapport. Wat doe je?
   a. Besluit je te gaan slapen, kruis dan vakje F aan.
   b. Besluit je op te blijven om een 10 te halen op
      het proefwerk, kruis dan vakje D aan.

5. Je bent op een open dag van een school of universiteit en woont een voorlichtingsbijeenkomst bij. Je weet het allemaal niet meer, je weet niet wat je wilt worden 'als je groot bent' en hebt geen idee welke studie je wilt gaan doen. De voorlichting is op de school of universiteit waarvan je moeder wil dat je erheen gaat. Jij weet niet wat je wilt, maar je wilt graag de knoop doorhakken zodat het maar allemaal achter de rug is. Aan het eind van de bijeenkomst kun je een aanmeldingsformulier invullen. Wat doe je?

A	B	C	D	E	F

a. Besluit je te wachten en pas een aanmeldingsformulier in te vullen als je wat meer over de mogelijkheden hebt nagedacht, kruis dan vakje F aan.
b. Besluit je een aanmeldingsformulier in te vullen, kruis dan vakje E aan.

Tel het aantal kruisjes in elke kolom en vul de getallen hier in:

A: ...... B: ...... C: ...... D: ...... E: ...... F: ......

Verklaring van de antwoorden
Vakje F: Heb je een 3 of hoger in deze kolom, dan heb je een behoorlijk gezond centrum.
Vakje E: Heb je een 1 in deze kolom, lees dan pagina 32 van *Zeven eigenschappen die jou succesvol maken!* om te bekijken of je ouders te veel het centrum van je leven zijn.
Vakje D: Heb je een 1 in deze kolom, lees dan pagina 31 van *Zeven eigenschappen die jou succesvol maken!* School is belangrijk, maar overdrijf het niet! Het is misschien goed extra op te letten wanneer we het in gewoonte 7 hebben over vernieuwing.
Vakje C: Heb je een 1 in deze kolom, lees dan pagina 30 van *Zeven eigenschappen die jou succesvol maken!* om te bekijken of je vriend/vriendin te veel het centrum van je leven is.
Vakje B: Heb je een 1 in deze kolom, lees dan pagina 29 van *Zeven eigenschappen die jou succesvol maken!* Er is niets mis met genieten van prestaties en bezittingen, maar je moet dingen die uiteindelijk geen eeuwigheidswaarde hebben, nooit tot centrum van je leven maken. Mooie herinneringen aan vakanties of belevenissen met je familie zijn voor altijd.
Vakje A: Heb je een 1 in deze kolom, lees dan pagina 29 van *Zeven eigenschappen die jou succesvol maken!* om te bekijken of vrienden en vriendinnen te veel het centrum van je leven zijn.

Paradigma's en principes

Principes falen nooit

We weten allemaal hoe de zwaartekracht werkt. Als je een bal omhoog gooit, komt die weer omlaag. Dat is een natuurkundige wet of een principe. Net zoals er natuurkundige principes zijn, zijn er ook menselijke principes. Leef je volgens die principes, dan zul je heel ver komen. Doe je dat niet, dan zul je het heel moeilijk krijgen.

Principes zijn dingen als eerlijkheid, dienstbaarheid, liefde, hard werken, respect, dankbaarheid, gematigdheid, redelijkheid, integriteit, trouw en verantwoordelijkheid. Het hoofdstuk 'Paradigma's en principes' legt uit dat net als een kompas dat altijd naar het ware noorden wijst, je hart echte principes altijd zal herkennen. Een leven met principes als centrum is het meest stabiele, onwrikbare, onbreekbare fundament waarop je kunt bouwen en een dergelijk fundament hebben we allemaal nodig.

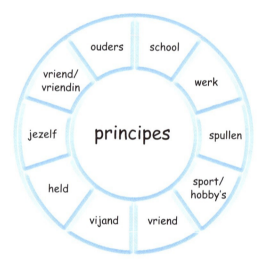

Als je wilt begrijpen waarom je je leven moet leiden op basis van principes, moet je eens proberen je een leven voor te stellen op basis van de tegenpolen van principes: een leven van oneerlijkheid, lanterfanten, mateloosheid, ondankbaarheid, egoïsme en haat. Als je principes op de eerste plaats stelt, merk je dat je alles beter gaat doen. Wanneer je bijvoorbeeld leeft volgens de principes van dienstbaarheid, respect en liefde, zul je waarschijnlijk meer echte vrienden en stabielere relaties hebben.

Andere voorbeelden van principes zijn:

Van de principes die ik genoemd heb, is dit het moeilijkste om naar te leven:

Beschouw principes als het centrum van je leven en je hobby's en interesses als spaken in het wiel. Vul in het midden van het onderstaande wiel een principe in waar jij naar leeft of waar je anderen om bewondert. Vul bij de spaken de dingen in waarop het principe invloed heeft (hobby's, school, werk enzovoort).

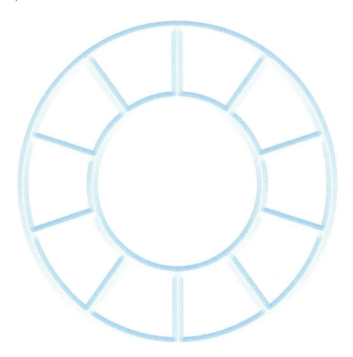

Principes die ik wil ontwikkelen zijn:

Ik ga ze ontwikkelen door: (Beschrijf wat je gaat doen of wat je plan is.)

De datum waarop ik hiermee ga beginnen, is:

Besluit vandaag om principes het centrum van je leven of je paradigma te maken. Vraag je in elke situatie waarin je verzeild raakt af: 'Wat is het principe dat hier een rol speelt?'

Babystapjes

Babystapjes zijn kleine, eenvoudige oefeningen die je direct kunt toepassen om het principe of de gewoonte in de praktijk te brengen. Deze kleine, eenvoudige stapjes kunnen je helpen je grotere doelen en je langetermijndoelen te bereiken. Aan het eind van elk hoofdstuk in *Zeven eigenschappen die jou succesvol maken!* en in dit werkboek vind je een lijst met babystapjes. Probeer het eens en zet een paar babystapjes.

1. Zeg als je weer in de spiegel kijkt iets positiefs over jezelf.

2. Laat vandaag merken dat je iemands mening waardeert. Zeg bijvoorbeeld: 'Hé, dat is een goed idee.'

3. Denk aan een beperkend paradigma dat je over jezelf hebt, zoals 'ik ben in mijzelf gekeerd'. Doe vandaag eens iets dat helemaal tegen dat paradigma ingaat.

4. Denk aan iemand uit je familie of een goede vriend of vriendin die zich de laatste tijd heel anders gedraagt dan normaal. Denk eens na waarom hij of zij zich zo gedraagt.

5. Wanneer je niets te doen hebt, waar denk je dan aan? Vergeet niet dat datgene wat het belangrijkst voor je is, je paradigma of levenscentrum wordt.

   Waarin steek ik de meeste tijd en energie?

   . . . .

   . . . .

6. De gouden regel geldt altijd! Begin vandaag met het behandelen van anderen op de manier waarop je wilt dat ze jou behandelen. Wees niet ongeduldig, klaag niet over kliekjes en kleineer niemand, tenzij je wilt dat jij zelf ook zo wordt behandeld.

7. Zoek eens een rustig plekje op waar je alleen kunt zijn. Denk na over de dingen die je het belangrijkst vindt.

8. Luister goed naar de teksten van de muziek waar je het vaakst naar luistert. Denk na of deze overeenkomen met de principes waarin je gelooft.

9. Probeer bij je werk of huiswerk eens het principe van hard werken toe te passen. Zet je extra in en doe meer dan wordt verwacht.

10. Wanneer je je weer eens in een moeilijke situatie bevindt en niet weet wat je moet doen, vraag jezelf dan af: 'Welk principe kan ik hierop toepassen (eerlijkheid, liefde, trouw, hard werken, geduld)?' Pas nu het principe toe en kijk niet om.

Babystapjes

Wat heb ik geleerd?

Welke babystapjes heb ik geprobeerd en wat heb ik ervan geleerd?

De persoonlijke bankrekening

Beginnen met de man in de spiegel

Van binnen naar buiten

In het hoofdstuk 'De persoonlijke bankrekening'
leer je dat alle veranderingen bij 'de man in de
spiegel' beginnen. Eigenlijk is de zwaarste strijd
die je in het leven moet leveren vaak die met
jezelf. Door zulke strijd leer je gebruik te
maken van je innerlijke kracht en ontwikkel je
je persoonlijkheid, en dan groei je pas echt.
Als je de wereld wilt veranderen, moet je bij jezelf
beginnen, niet bij je ouders, je vriend of vriendin of
je leraar. Alle veranderingen beginnen bij jou. Ze werken van binnen naar buiten, niet van buiten naar binnen.

KASSA!

I'm starting with the man
in the mirror
I'm asking him to change
his ways
And no message could
have been any clearer
If you wanna make the
world
a better place
Take a look at yourself, and
then make a change.
'MAN IN THE MIRROR' DOOR
SIEDAH GARRETT EN
GLEN BALLARD

Lees de tekst van de Anglicaanse bis-
schop op pagina 43 van *Zeven eigenschappen die jou succesvol maken!* en vul
daarna de volgende zinnen aan:

Als ik iets in de wereld zou kunnen veranderen, zou dat zijn:

Een verandering in mijzelf die zou kunnen helpen die wereldwijde verandering teweeg te brengen is:

> De echte tragedie is de tragedie van de man die in zijn leven nooit eens zijn uiterste best voor iets doet. Hij gebruikt nooit zijn volledige capaciteiten en komt nooit volledig tot zijn recht.
> ARNOLD BENNETT

Ik denk dat een verandering van binnen naar buiten mensen om me heen zou kunnen helpen omdat:

De persoonlijke bankrekening

Wat je van jezelf vindt, werkt net als een bankrekening. Net als bij een lopende rekening of een spaarrekening bij een bank kun je er geld op storten of er geld van afhalen door de dingen die je denkt, zegt of doet. Wanneer je je bijvoorbeeld houdt aan een belofte die je jezelf hebt gedaan, voel je dat je controle hebt over jezelf. Dit is een storting. Wanneer je echter een belofte aan jezelf verbreekt, voel je je teleurgesteld en haal je geld van je rekening.

Om het saldo op je rekening positief te houden moet je meer geld storten dan erafhalen. Hoe meer je op je persoonlijke bankrekening stort, hoe beter je je voelt. Als je te veel geld opneemt, zullen je eigenwaarde en zelfvertrouwen minder worden.

Hoe staat het met jouw persoonlijke bankrekening?

Hoeveel vertrouwen en geloof heb je in jezelf? Heb je geld genoeg of sta je rood? Aan de hand van de volgende mogelijke symptomen kun je kijken hoe het met jouw bankrekening is gesteld.

– Je komt niet voor jezelf op wanneer je weet dat je gelijk hebt.
– Je maakt denigrerende opmerkingen over jezelf.
– Je gaat altijd mee in wat de meerderheid doet of zegt.
– Je eet te veel, kijkt te veel tv en surft te veel op internet.

– Je gebruikt drugs of alcohol.
– Je bent naar niets en niemand toe loyaal.
– Je laat je door anderen gebruiken.

Mogelijke symptomen van een gezonde persoonlijke bankrekening zijn:
+ Je komt voor jezelf op als je weet dat je gelijk hebt.
+ Je hebt het zelfvertrouwen om je meningen en goede ideeën te uiten naar anderen toe.
+ Je bent blij als anderen succes hebben.
+ Je hebt een goed evenwicht gevonden tussen school, sport, je talenten ontwikkelen en tijd voor jezelf.
+ Je leeft naar je principes.
+ Als iemand kwaad spreekt over iemand die je kent en waar je om geeft, heb je de moed die persoon te verdedigen.
+ Je doet je best je vaardigheden te ontwikkelen en je talenten te ontplooien.
+ Je ziet in dat het leven uit ups en downs bestaat.

Om een goed beeld te krijgen van je persoonlijke bankrekening houd je gedurende een week bij wat je stort en opneemt. Houd zeven dagen lang een soort kasboek voor je persoonlijke bankrekening bij de hand (zie rechts). Vul in het kasboek in wat je gedaan hebt en ken er een bedrag aan toe als storting of opname. Elke storting die je doet is bijvoorbeeld €1 tot €100 waard, maar opnames daarentegen kosten je €50 tot €200. Je mag zelf bepalen hoeveel je bij- of afschrijft. Kijk maar eens hoeveel geld je kunt storten in een week. Wees eerlijk over wat je opneemt.

Persoonlijke bankrekening	+	-
• Begonnen met het fitnessprogramma dat ik me voorgenomen had	50	
• Gisteravond laat naar bed gegaan		150
• Geleerd voor scheikundeproefwerk van over een paar dagen	100	
• Tegen mezelf gezegd hoe goed ik eruitzie	20	
• Na school urenlang gechat op internet		120
• Ontbijt overgeslagen en als lunch een Mars en een cola gehad		50
Saldo		

Ben je na een week blij met het resultaat? Of ben je verbaasd dat je zo veel hebt opgenomen?

Beloften aan jezelf nakomen

Heb je wel eens vrienden of huisgenoten gehad die hun beloften zelden nakwamen? Ze zeggen dat ze bellen, maar doen het niet. Ze beloven dat ze  je komen ophalen voor de wedstrijd en vergeten het. Na een tijdje vertrouw je ze niet meer. Hun beloften hebben geen betekenis. Hetzelfde gebeurt als je de dingen die je aan jezelf belooft, steeds maar niet nakomt, bijvoorbeeld: 'Ik sta morgenochtend om zeven uur op' of 'Ik begin als ik thuiskom direct met mijn huiswerk.' Na een tijdje vertrouw je jezelf niet meer.

Dingen die je jezelf belooft, moet je net zo serieus nemen als dingen die je aan belangrijke personen in je omgeving belooft. Wanneer je geen controle over je leven hebt, moet je jezelf concentreren op het enige waarover je wel controle hebt – jezelf. Beloof jezelf iets en houd je eraan.

Klein beginnen en daarop voortbouwen

Grote beloften aan jezelf nakomen is gemakkelijker als je begint met kleine beloften waarvan je zeker weet dat je ze kunt nakomen; ga daarna door naar de moeilijkere beloften.

Vul de volgende zinnen aan:

Wanneer ik mezelf voorneem iets te doen en het vervolgens niet doe, voel ik me:

De belofte aan mezelf die ik graag wil nakomen, maar waarvan het me niet lukt, is:

> Ik denk dat het leven ons voortdurend test op onze toewijding en dat de mooiste beloningen van het leven voorbehouden zijn aan hen die een niet-aflatende bereidheid laten zien om door te gaan totdat ze hun doel bereiken.
> ANTHONY ROBBINS

De reden dat ik deze belofte niet kan nakomen, is:

De twee of drie kleine beloften aan mezelf die, wanneer ik ze nakom, me zullen helpen de grote belofte na te komen, zijn:

1. . . . .

2. . . . .

3. . . . .

Ik wil de grote belofte nakomen omdat:

De persoonlijke bankrekening

Mijn leven zou dan beter zijn omdat:

Het mooie dat ik mezelf zou kunnen geven als beloning omdat ik de grote belofte nagekomen ben, is:

Kleine aardige dingen doen

Kleine aardige dingen doen is een bijzondere manier om jezelf beter te voelen. Als je iets aardigs doet voor iemand anders, betekent dit dat je een groot bedrag kunt storten op je persoonlijke bankrekening. Als je kleine aardige dingen doet, richt je je naar buiten in plaats van naar binnen. Het is moeilijk om somber te zijn als je iemand anders helpt. Je voelt jezelf juist geweldig als je een ander helpt.

Lees de paragraaf 'Kleine aardige dingen doen' op pagina 45-47 van *Zeven eigenschappen die jou succesvol maken!* Vul de volgende zinnen aan en lees het onderstaande verhaal:

Drie mensen in mijn leven waarvoor ik iets aardigs zou kunnen doen, zijn:

1. . . . .

2. . . . .

3. . . . .

Lees het volgende verhaal:

'Waarom duurt het altijd zo lang om door dit tolpoortje te komen?' dacht Jason bij zichzelf terwijl hij in een lange rij auto's stond te wachten tot het zijn beurt was om tol te betalen en weer de weg op te kunnen. De auto's kwamen stukje bij beetje vooruit. Jason roffelde nerveus op het stuur en streek met z'n hand door z'n haar. Geweldig, dacht hij, nu ben ik echt veel te laat om de jongens op te halen. We komen nooit op tijd voor de aftrap van de wedstrijd. Er verstreken nog eens vijf minuten en Jasons geduld was inmiddels op. Opeens reden de auto's voor hem in vlot tempo door – in korte tijd reden er vijf auto's door het poortje. Jason kon het niet geloven, wat een mazzel! Toen hij zelf bij het poortje aankwam en er stopte, zei de beambte tegen hem: 'U hoeft niet te betalen. Zes auto's voor u heeft iemand de tol betaald voor de volgende tien auto's.' Jason glimlachte en reed verder, de weg op.

Hoe denk je dat Jason zich voelde tijdens de rest van de rit naar de wedstrijd?

Hoe denk je dat de anonieme tolbeambte zich voelde?

Iemand die anoniem iets aardigs voor me heeft gedaan, is:

Het aardige dat hij of zij gedaan heeft, is:

Door deze vriendelijke daad voelde ik me:

Iets aardigs wat ik anoniem zou kunnen doen voor de drie mensen die ik op pagina 36 heb genoemd, is:

1. . . . .

2. . . . .

3. . . . .

Aardig zijn tegen jezelf

In het hoofdstuk 'De persoonlijke bankrekening' leer je dat niemand perfect is, dus je moet niet te streng zijn voor jezelf als je fouten maakt. Aardig zijn betekent toegeven dat je waarschijnlijk elke dag wel iets verkeerd doet en daarna jezelf vergeven als dat gebeurt. Het betekent dat je niet moet verwachten dat je morgenvroeg perfect zult zijn. Het betekent dat je leert lachen om de domme dingen die je doet.

> In de natuur is niets perfect en is alles perfect. Bomen kunnen vervormd zijn, op een rare manier gebogen, en toch zijn ze nog steeds prachtig.
> ALICE WALKER

Je moet leren van je fouten, maar je moet jezelf er niet mee blijven kwellen. Het verleden is niet meer dan dat, het verleden. Leer wat er misging en waarom: herstel de fout als dat nodig is. Vergeet het dan en leef verder.

Om jezelf lachen

Aardig zijn voor jezelf betekent dat je leert lachen om de domme dingen die je doet.

Als je kunt lachen om jezelf en het leven niet zo serieus neemt, straal je een hoopvolle houding uit die veel vrienden aantrekt.

Denk eens terug aan je meest gênante moment ooit. Beschrijf het hieronder (of op een apart stuk papier) alsof je een hoofdstuk voor een roman schrijft. Maak van jezelf de hoofdpersoon, beschrijf de plaats van handeling, voeg andere personages toe (als die er zijn) en beschrijf wat je toen gezegd en gedaan hebt.

Neem nu datzelfde gênante moment en beschrijf het nu zoals een stand-upcomedian dat zou doen.

Wat is het verschil tussen de twee beschrijvingen? Denk je anders over jezelf of over het gênante moment nadat je beide beschrijvingen gelezen hebt? Omschrijf wat je is opgevallen:

Leren te lachen om mezelf en mijn fouten helpt mij om meer zelfvertrouwen te krijgen omdat:

Eerlijk zijn

In het hoofdstuk 'De persoonlijke bankrekening' leer je dat eerlijk zijn inhoudt dat je
eerlijk bent tegenover jezelf en eerlijk bent
in je daden. Eerlijkheid wordt geassocieerd
met woorden als recht door zee, onkreuk-
baar, deugdzaam, principieel, waarheidlie-
vend, standvastig, trouw, oprecht, betrouwbaar, goed, openhartig en ongeveinsd. Als
die woorden op jouw van toepassing zijn,
is de kans groot dat jij een eerlijk iemand
bent.

Eerlijkheid betekent dat andere mensen je
ware ik zien. Het betekent dat je niet doet
alsof of jezelf anders probeert voor te doen
dan je bent. Als je niet eerlijk bent tegenover
jezelf, voel je je onzeker en zul je uiteindelijk geld opnemen van je persoonlijke bankrekening (hoe je over jezelf denkt).

Je kunt eerlijk zijn in alles wat je dagelijks doet. Van proefwerken maken tot
praten met ouders en vrienden tot de dingen die je doet op je werk, je hebt
voortdurend de kans om eerlijk of oneerlijk te zijn. Elke eerlijke daad is een
storting op je persoonlijke bankrekening.

Een eerlijk persoon beschrijven

Lees de paragraaf 'Eerlijk zijn' op pagina 48-49 van *Zeven eigenschappen die jou
succesvol maken!*

De eerlijkste persoon die ik ken, is: (Dit kan iemand uit je omgeving zijn,
maar ook een beroemdheid die je bewondert.)

Zijn of haar eerlijkheid blijkt uit: (Beschrijf de gebeurtenis(sen).)

Ik kan eerlijker worden door: (Noem de dingen die je zou kunnen doen.)

Jezelf vernieuwen

Je moet tijd voor jezelf vrijmaken om jezelf te vernieuwen en te ontspannen. Als je dat niet doet, verlies je je zin voor het leven. Misschien heb je wel eens gehoord van de film *The Secret Garden*, naar het boek van Frances Hodgson Burnett. We hebben allemaal een plek nodig om naar te kunnen ontsnappen, een toevluchtsoord waar we ons geestelijk weer kunnen opladen. En het hoeft geen rozentuin, bergtop of strand te zijn. Het kan ook een slaapkamer of zelfs de badkamer zijn, als het maar een plaats is waar je alleen kunt zijn.

Je toevluchtsoord
Lees de voorbeelden op pagina 50-51 van *Zeven eigenschappen die jou succesvol maken!*

Mijn toevluchtsoord is:

Wat ik me wil herinneren van die plek is: (Omschrijf hieronder je toevluchtsoord.)

De plek waarvan ik zou willen dat het mijn toevluchtsoord was, is:

De reden waarom ik zou willen dat dat mijn toevluchtsoord was, is:

De kenmerken van mijn toevluchtsoord die ervoor zorgen dat ik erheen ga als ik gestrest, eenzaam of verdrietig ben, zijn:

Ik voel me beter nadat ik in mijn toevluchtsoord geweest ben. Ja of nee? (Waarom?)

Als ik niet naar mijn toevluchtsoord kan, doe ik in plaats daarvan het volgende:

Je talenten benutten

Iedereen heeft talenten, of je je dat nu beseft of niet. Talenten hebben niet altijd betrekking op sport, muziek, dansen of andere zichtbare prestaties. De belangrijkere talenten zitten in jezelf. Deze talenten kunnen variëren van lezen, schrijven, goed leren, in het openbaar spreken, houden van andere mensen, organisatietalent hebben, koken, voor kinderen zorgen, auto's repareren tot gelukkig zijn. Het maakt niet uit wat voor talent je hebt, als je iets doet wat je leuk vindt, krijg je daar een geweldige kick van en het kan een grote storting op je persoonlijke bankrekening zijn.

Iets geks doen

Heb je wel eens gekeken naar een tv-programma waarin men op zoek is naar de meest getalenteerde persoon ter wereld? Heb je wel eens andere programma's gezien die mensen vragen een video van zichzelf op te sturen waarin ze iets geks doen? Wat zou jij doen als je een video van jezelf moest opsturen?

Als er een cameraploeg van de televisie bij mij thuis zou komen om mij te filmen terwijl ik mijn rare talent laat zien, zou ik dit doen:

Mijn beste vriend(in) zou zeggen dat mijn gekste talent is:

Het gekste talent van mijn beste vriend(in) is:

Iets wat ik goed kan is: (Talenten kunnen van alles zijn, zoals spreken in het openbaar, luisteren, een goede vriend zijn enzovoort.)

Zoek naar waar jij uniek in bent. Vraag iemand die je vertrouwt, te omschrijven wat er uniek is aan jou. Beschrijf hieronder wat hij of zij over je gezegd heeft.

Het talent dat of de unieke eigenschap die ik zou ontwikkelen als ik niet beperkt werd door tijdgebrek, geldgebrek of lichamelijke gebreken is: (Brainstorm over een plan waarin alles mogelijk is.)

De dingen uit mijn 'droomplan' die ik kan gebruiken om een realistisch plan te ontwikkelen, zijn:

De dingen uit mijn plan die ik nu al kan gaan doen, zijn:

We zijn allemaal op de een of andere manier goed gek.
JIDDISCH GEZEGDE

Babystapjes

Kies een of twee babystapjes die je kunt doen. Vertel iemand anders over je ervaringen of schrijf je ervaringen en dat wat je geleerd hebt hier op.

Beloften aan jezelf nakomen

1. Kom drie dagen achter elkaar je bed uit op het tijdstip waarop je van plan was op te staan.

2. Zoek een gemakkelijke taak die je vandaag moet doen, zoals de was doen of een boek lezen voor school. Besluit wanneer je die taak gaat doen. Houd je nu aan je woord en voer die taak uit.

Kleine aardige dingen doen

3. Verricht vandaag een anonieme goede daad, zoals een bedankbriefje schrijven, de vuilnis buiten zetten of iemands bed opmaken.

4. Kijk eens goed rond en doe iets waarmee je iets voor een ander kunt betekenen, zoals een plantsoen in je wijk opruimen, meehelpen in het bejaardentehuis of iemand voorlezen die zelf niet kan lezen.

Je talenten benutten

5. Schrijf een talent op dat je dit jaar graag wilt ontwikkelen. Schrijf specifieke stappen op om dit te bereiken.

   Talent dat ik dit jaar wil gaan ontwikkelen: . . . .

   . . . .

   Hoe kan ik dit bereiken: . . . .

   . . . .

   . . . .

6. Maak een lijst van de talenten die je bij anderen het meest bewondert.

Persoon: **Talenten die ik bewonder:**

. . . .

. . . .

. . . .

Aardig zijn tegen jezelf

7. Denk na over iets waarvan je vindt dat je er niet goed in bent. Haal nu diep adem en zeg tegen jezelf: 'Dat is niet het einde van de wereld.'

8. Probeer een hele dag niets negatiefs over jezelf te denken. Denk elke keer dat je merkt dat je jezelf omlaag haalt, in plaats daarvan drie positieve dingen over jezelf.

Jezelf vernieuwen

9. Verzin iets leuks waarvan je vrolijk wordt en doe het vandaag. Zet bijvoorbeeld de muziek flink hard en ga dansen.

10. Voel je je somber? Sta nu direct op en ga een blokje hardlopen.

Eerlijk zijn

11. Als je ouders weer eens vragen hoe het met je gaat, vertel dan het hele verhaal. Laat niets weg om ze te misleiden of te bedriegen.

12. Probeer één dag lang niet te overdrijven en niets aan te dikken.

De persoonlijke bankrekening

Babystapjes

Wat heb ik geleerd?

Welke babystapjes heb ik geprobeerd en wat heb ik ervan geleerd?

Gewoonte

Wees proactief

Ik ben de kracht

Proactief of reactief – de keuze is aan jou

Ben jij een blikje frisdrank of een fles water? Reactieve mensen nemen beslissingen op basis van hun impulsen. Ze zijn net een blikje frisdrank. Als het leven ze een beetje door elkaar schudt, bouwt de druk zich op en ontploffen ze. Proactieve mensen maken hun keuzen op basis van waarden. Ze denken voordat ze handelen. Ze weten dat ze niet alles onder controle kunnen hebben wat er met hen gebeurt, maar ze hebben wel controle over wat ze ermee doen. Proactieve mensen zijn als water. Je kunt schudden wat je wilt, de deksel erafhalen, maar er gebeurt niets. Geen schuim, geen bubbels, geen druk. Ze zijn kalm, rustig en hebben alles onder controle.

> Je slaat niet per ongeluk homeruns maar door voorbereiding.
> ROGER MARIS

Misschien ben jij een kruising tussen een blikje frisdrank en een fles water. De ene keer reageren we, de andere keer houden we onszelf in bedwang. Je kunt het verschil tussen proactieve en reactieve mensen meestal herkennen aan hun taalgebruik. Als je reactieve taal gebruikt, geef je iemand anders macht. Je hebt dan niet langer controle over je emoties of daden.

Proactief taalgebruik geeft je die controle terug. Jij bent vrij te kiezen wie bepaalt wat jij doet en zegt. (En dat ben jij!)

Wat is nu proactief gedrag? Proactief gedrag bestaat uit proactief taalgebruik zoals:

- Het spijt me, dat meende ik niet.
- Ik ga er meteen mee aan de slag.
- Ik heb geen interesse, maar dank u wel.
- Ik weet zeker dat we een derde alternatief kunnen bedenken.
- Ik wel.

Bij reactief gedrag moet je echter denken aan taalgebruik als dit:

- Het is jouw schuld.
- Ik wou dat ...
- Ik weet het gewoon niet.
- Dat is niet eerlijk.
- Zo zit ik nu eenmaal in elkaar.

REACTIEF →

PROACTIEF ↓

COLA

Ik ben het meest reactief als: (Waar en wanneer?)

Ik ben het meest proactief als: (Waar en wanneer?)

De moeilijke uitdaging waar ik nu voor sta, is:

Ik kan die uitdaging vandaag aangaan en zelf een verandering teweegbrengen door: (Beschrijf wat je kunt doen.)

Gewoonte 1

Naar je taalgebruik luisteren

In 'Gewoonte 1 – Wees proactief' leer je dat je het verschil tussen proactie-ve en reactieve mensen vaak kunt horen aan hun taalgebruik.

Reactief taalgebruik	Proactief taalgebruik
Ik zal het proberen.	Ik zal het doen.
Zo zit ik nu eenmaal in elkaar.	Ik kan het veel beter.
Ik kan er niets aan doen.	Laat ik eens kijken wat de mogelijkheden zijn.
Ik moet wel.	Ik kies ervoor.
Ik kan het niet.	Er moet een manier zijn.
Je hebt mijn dag verpest.	Ik trek me niets aan van jouw slechte humeur.

Wanneer je reactieve taal gebruikt, geef je als het ware iemand anders de afstandsbediening van je leven en zeg je: 'Alsjeblieft. Je kunt mijn humeur veranderen wanneer je maar wilt.' Proactief taalgebruik daarentegen legt de afstandsbediening echter weer in je eigen handen. En je kunt dan zelf kiezen op welk kanaal je vandaag afstemt.

Je taalgebruik evalueren

Lees de paragraaf 'Naar je taalgebruik luisteren' op pagina 61 van *Zeven eigenschappen die jou succesvol maken!* Vul de onderstaande zinnen aan:

Mijn taalgebruik is meestal: (Is het proactief of reactief?)

Een uitdrukking die ik vaak gebruik en die proactief is, is:

Een uitdrukking die ik vaak gebruik en die reactief is, is:

Ik kan de reactieve uitdrukkingen vervangen door de volgende proactieve uitdrukkingen:

Iemand in mijn leven die een heel goed voorbeeld is van hoe je proactieve taal gebruikt, is:

De plaatsen of situaties in mijn leven waar ik vaak proactieve taal gebruik, zijn:

De plaatsen of situaties in mijn leven waar ik vaak reactieve taal gebruik, zijn:

Het slachtoffervirus

'Gewoonte 1 – Wees proactief' legt uit dat reactieve mensen lijden aan een besmettelijk virus: het 'slachtoffervirus'. Mensen die met dat virus zijn geïnfecteerd, denken dat iedereen het op hen begrepen heeft en dat de wereld hen iets verplicht is. In plaats van te erkennen dat hun houding het probleem is, zijn reactieve mensen snel beledigd, geven anderen de schuld, worden kwaad en zeggen dingen waar ze later spijt van krijgen, zeuren en klagen, wachten tot er iets gebeurt en veranderen alleen als het echt moet.

Ik voelde me een slachtoffer toen:

Ik dacht toen dat ik het recht had me zo te voelen omdat:

Nu ik weet van het slachtoffervirus zou ik de volgende dingen anders gedaan hebben in die situatie:

Proactief zijn betaalt zichzelf terug

'Gewoonte 1 – Wees proactief' leert je dat proactieve mensen een ander ras zijn. Proactieve mensen:
- zijn niet snel beledigd;
- nemen de verantwoordelijkheid voor hun keuzen;
- denken na voordat ze handelen;
- raken niet in de put als er iets vervelends gebeurt;
- vinden altijd wel een manier om dingen voor elkaar te krijgen;
- richten zich op dingen waarop ze invloed hebben en maken zich geen zorgen over dingen waarop ze geen invloed hebben.

Het gevolg is dat proactieve mensen vaak beloond worden voor hun inspanningen. Ze nemen hun leven in eigen hand en hebben meer vrijheid om te doen wat ze willen. Proactieve mensen trekken andere mensen naar zich toe met hun positieve en ondernemende houding.
Lees de paragraaf 'Proactief zijn betaalt zichzelf terug' op pagina 62-64 van *Zeven eigenschappen die jou succesvol maken!* Teken op de volgende pagina jezelf over tien jaar als proactieve persoon.
- Teken jezelf zoals je over tien jaar wilt zijn.
- Teken een achtergrond. Waar ben je? Wie zijn er bij je in de buurt? Wat doe je?
- Schrijf onder de tekening alle positieve eigenschappen die je als proactieve persoon bezit.

We hebben slechts invloed op één ding

Je kunt natuurlijk niet invloed uitoefenen op alles wat er met je gebeurt. Voor tieners is dit vooral waar, omdat je ouders, leraren en trainers je leven lijken te bepalen. Maar er is wel iets waarop je wel invloed hebt: hoe je reageert op de dingen die met je gebeuren.

In 'Gewoonte 1 – Wees proactief' leer je over twee cirkels. De binnenste cirkel is je cirkel van invloed. Hierin bevinden zich de dingen waarop je invloed kunt uitoefenen. Rond de cirkel van invloed ligt de cirkel van betrokkenheid. Hierin zitten de dingen waaraan je niets kunt veranderen.

Als je je steeds maar druk blijft maken over dingen waarop je geen invloed hebt, krijg je nog minder invloed. Als je je concentreert op dingen waarop je wel invloed hebt, geeft dat je meer controle over je leven en innerlijke rust.

1. Lees de paragraaf 'We hebben slechts invloed op één ding' op pagina 64-65 van *Zeven eigenschappen die jou succesvol maken!*
2. Schrijf in de binnenste cirkel enkele van de dingen in je leven waarop je invloed hebt.
3. Schrijf in de buitenste cirkel enkele van de dingen in je leven waarop je geen invloed hebt.

Eén ding in mijn cirkel van betrokkenheid waarover ik me voortdurend zorgen maak, is:

Ik kan ophouden me over dat ding zorgen te maken door: (Beschrijf wat je kunt doen.)

Tegenslagen in overwinningen veranderen

Als je obstakels tegenkomt in het leven, kun je dan een oplossing vinden? Probeer je om een groot obstakel op je pad heen te gaan of misschien zelfs eroverheen? 'Gewoonte 1 – Wees proactief' maakt duidelijk dat elke tegenslag een kans voor je is om deze in een overwinning te veranderen.

ZIE HET ALS EEN KANS OM TE GROEIEN!

W. Mitchell slaagde erin niet één maar twee afschuwelijke ongelukken, waardoor hij verlamd raakte en huidtransplantaties nodig had, te overwinnen. In plaats van zich zorgen te maken over wat hij nu niet meer kon, werd hij miljonair, een veelgevraagd spreker, burgemeester, rivierrafter en skydiver.

W. Mitchell is een geweldig voorbeeld van hoe je tegenslagen verandert in overwinningen. Hij besloot proactief te zijn en zich te richten op de dingen waarop hij invloed had, namelijk zijn houding.

Je eigen reactie bepalen
Beschrijf hoe jij een tegenslag zou kunnen veranderen in een overwinning voor elk van de volgende scenario's:

Jij en je beste vriend(in) bekijken elke dag uitgebreid de mensen in de kantine. Je wijst je vriend(in) op iemand die je graag beter zou willen leren kennen. De volgende dag vertelt je vriend(in) je dat hij/zij die persoon gisteravond gebeld heeft en mee uit gevraagd heeft.

Volgende week is er een groot feest op school. Jij en je vrienden/vriendinnen zijn van plan er met een andere groep heen te gaan. Je kijkt er al een maand naar uit. De dag voor het feest val je, je breekt je been en je hele been moet in het gips.

Je scooter is erg belangrijk voor je. Om de scooter te kunnen afbetalen en de benzine en verzekering te kunnen betalen werk je na schooltijd. Je verdient niet veel en je kunt maar net rondkomen, maar toch wil je een nieuwe mp3-speler. Zes maanden lang heb je €15 euro van je maandsalaris gespaard voor de mp3-speler. Op een avond op weg van je werk naar huis zit je te dromen en rijd je te hard. Je wordt aangehouden en krijgt een boete. De boete kost minstens zo veel als wat je tot nu toe voor de mp3-speler gespaard hebt.

Een tegenslag die ik ondervonden heb of waar ik nu mee te maken heb, is:

Ik had die tegenslag kunnen veranderen of kan die tegenslag veranderen in een overwinning door:

Uitstijgen boven mishandeling

In 'Gewoonte 1 – Wees proactief' leer je hoe je tegenslagen omzet in overwinningen. Een van de zwaarste tegenslagen van allemaal is omgaan met mishandeling en misbruik. Wanneer je bent mishandeld, is dat niet jouw schuld. Door proactief te zijn hoef je geen dag langer meer te leven met de last van je geheim en je gevoelens van hopeloosheid.

Je vraagt je misschien af: 'Hoe kan ik proactief zijn na zoiets?' Het belangrijkste om boven mishandeling uit te stijgen is om hulp te zoeken. Mishandeling vaart wel bij geheimen. Door je probleem aan iemand anders te vertellen maak je je probleem direct half zo groot, wat leidt tot genezing en vergeving. Ben je mishandeld of misbruikt, praat dan vandaag nog met iemand. Praat met iemand waarvan je houdt of met een vriend of vriendin die je kunt vertrouwen, sluit je aan bij een gespreksgroep, bezoek een professionele therapeut of bel een hulplijn. Als je bevriend bent met iemand die mishandeld of misbruikt is, neem dan de tijd om te luisteren en bied je hulp aan als die persoon zijn of haar hart bij je lucht. Zorg er altijd voor dat datgene wat hij of zij je vertelt, vertrouwelijk blijft.

Nadenken over mishandeling

Lees de paragraaf 'Uitstijgen boven mishandeling' op pagina 68-69 in *Zeven eigenschappen die jou succesvol maken!*
Ben je zelf mishandeld of misbruikt, vul dan deze zin aan:

Ik zal proactief zijn door hulp te zoeken en mijn geheim van mishandeling of misbruik aan iemand te vertellen door: (Beschrijf wat je van plan bent.)

Als je bevriend bent met iemand die is of wordt mishandeld of misbruikt en hij of zij praat met jou over zijn of haar ervaring, vul dan de volgende zin aan:

Ik zal de tijd nemen om te luisteren en hulp aanbieden door: (Beschrijf wat je gaat doen.)

Als je iemand kent die is of wordt mishandeld of misbruikt maar er niets over gezegd heeft, vul dan deze zin aan:

Ik zal als vriend die persoon de helpende hand bieden. Ik zal hem of haar laten zien dat ik om hem of haar geef en dat ik te vertrouwen ben. Ik zal dit doen door: (Beschrijf wat je gaat doen.)

Wil je de eerste stap zetten om een eind te maken aan mishandeling, zie dan de telefoonnummers van hulplijnen op pagina 260 van *Zeven eigenschappen die jou succesvol maken!*

Een veranderaar worden

Slechte gewoonten als mishandeling, alcoholisme en armoede worden vaak van ouder op kind doorgegeven. Daardoor worden probleemgezinnen meestal in de volgende generatie weer probleemgezinnen. Zelfs gewoonten die niet zo slecht zijn maar je beperken, worden van generatie op generatie doorgegeven en voorkomen dat jij de beste persoon wordt die je kunt zijn. 'Gewoonte 1 – Wees proactief' leert je dat je deze cyclus kunt doorbreken en je grenzen van je kunnen kunt bereiken. Wanneer je proactief bent, kun je voorkomen dat slechte of beperkende gewoonten worden doorgegeven. Je kunt een instrument van verandering worden en goede gewoonten aan de volgende generaties doorgeven, te beginnen met je eigen kinderen. Jij hebt de macht om uit te stijgen boven dat wat aan jou is doorgegeven.

> Of ik slaag of faal is van niemand afhankelijk, alleen van mezelf. Ik ben de kracht.
> ELAINE MAXWELL

De cyclus doorbreken

Lees de paragraaf 'Een veranderaar worden' op pagina 69-71 van *Zeven eigenschappen die jou succesvol maken!* Vul de volgende zinnen aan:

Eén gewoonte die aan mij is doorgegeven en die ik graag zou willen veranderen of verbeteren, is:

De geschiedenis van die slechte gewoonte is: (Beschrijf waar de gewoonte vandaan komt en hoe die het leven van je familie beïnvloed heeft.)

Deze slechte gewoonte heeft mijn leven op de volgende manieren beïnvloed:

Door die slechte gewoonte te veranderen zal mijn leven op deze manier anders zijn:

Om de slechte gewoonte te veranderen kan ik elke dag het volgende doen:

Je proactieve spieren trainen

'Gewoonte 1 – Wees proactief' stimuleert je je gemoedsgesteldheid te veranderen van reactief (keuzen maken op basis van een opwelling) in proactief (keuzen maken op basis van waarden). Wanneer je je proactieve spieren traint, ben je beter in staat verantwoordelijkheid te nemen voor je leven en anderen te helpen en te beïnvloeden.

Verantwoordelijkheid nemen

Lees het gedicht 'Autobiografie in vijf korte hoofdstukken' op pagina 72 van *Zeven eigenschappen die jou succesvol maken!* Doe daarna de volgende oefening:

1. Vraag een vriend of vriendin je te helpen bij deze oefening. Laat je door hem of haar blinddoeken.
2. Vraag je vriend of vriendin aan de andere kant van een kamer met meubels of een tuin met obstakels te gaan staan.
3. Terwijl je naar je vriend of vriendin toe loopt, roept hij of zij 'warm' of 'koud' om je te helpen de obstakels te omzeilen. (Zorg ervoor dat er geen dingen staan waaraan je je zou kunnen bezeren of die je zou kunnen beschadigen.)
4. Wanneer je je vriend of vriendin bereikt hebt, leidt hij of zij je terug naar het startpunt.
5. Doe de oefening nog een keer.

Was het de tweede keer gemakkelijker om de obstakels te vermijden?

Wat heb je de tweede keer anders gedaan?

Om een held of heldin te zijn moet je jezelf een bevel geven.
SIMONE WEIL

Wat wist je de tweede keer dat je de eerste keer nog niet wist? Heeft die kennis je proactief geholpen de obstakels te omzeilen? Hoe dan?

Je vriend of vriendin probeerde je uit de buurt van de obstakels te houden, maar ben je er misschien per ongeluk tegenaan gebotst? In welk opzicht is dat reactief gedrag?

Wat had je tijdens de oefening proactief kunnen doen om de obstakels te omzeilen?

Het lukt

De Amerikaanse vliegenier Elinor Smith heeft eens gezegd: 'Ik besef al lange tijd dat mensen die iets bereikt hebben, zelden achterover leunden en wachtten tot er dingen met hen gebeurden. Zij namen zelf het initiatief.' 'Gewoonte 1 – Wees proactief' omschrijft hoe 'het lukt'-mensen initiatief, creativiteit en moed gebruiken om iets te bereiken. 'Het lukt'-mensen wachten niet tot er iets met hen gebeurt, maar gaan eropuit en werken voor wat ze willen.

Denken aan een 'het lukt'-persoon

Lees de paragraaf 'Het lukt' op pagina 73-75 van *Zeven eigenschappen die jou succesvol maken!*

Een 'het lukt'-persoon die ik bewonder is: (Hij of zij kan een beroemd iemand zijn, maar ook een kennis.)

Die persoon is een 'het lukt'-persoon omdat: (Beschrijf waaruit deze houding naar voren komt.)

Deze 'het lukt'-houding heeft de persoon geholpen de volgende obstakels te overwinnen:

Dankzij een 'het lukt'-houding heeft de persoon de volgende successen geboekt:

Als deze persoon geen 'het lukt'-houding had, zou zijn of haar leven er op deze punten anders uitzien:

Een obstakel in mijn leven dat mij ervan weerhoudt mijn doelen te bereiken, is:

Ik kan de 'het lukt'-benadering gebruiken om dit obstakel te overwinnen door: (Beschrijf wat je kunt doen.)

Gewoon op pauze drukken

Soms gaat het leven zo snel aan je voorbij dat je alleen al uit gewoonte direct op alles reageert. Wanneer je leert even te wachten, de controle terug te pakken en na te denken over hoe je wilt reageren, neem je slimmere beslissingen. 'Gewoonte 1 – Wees proactief' legt uit dat je wanneer je leven op pauze staat, vier menselijke gereedschappen kunt gebruiken om je te helpen te besluiten wat je moet doen. Deze gereedschappen zijn:

- Zelfbewustzijn: ik kan afstand nemen van mezelf en mijn gedachten en daden observeren.
- Geweten: ik kan naar mijn innerlijke stem luisteren en weten wat goed en slecht is.
- Voorstellingsvermogen: ik kan mij nieuwe mogelijkheden voor de geest halen.
- Vrije wil: ik heb de macht om te kiezen.

Je kunt elke dag van je leven je vier menselijke gereedschappen wel of niet gebruiken. Hoe meer je ze gebruikt, hoe sterker ze worden en hoe minder moeite het je kost om proactief te zijn.

Kijken hoe goed je je pauzeknop gebruikt

Lees de paragraaf 'Gewoon op pauze drukken' op pagina 75-78 van *Zeven eigenschappen die jou succesvol maken!* Kijk hoe goed je je pauzeknop en je menselijke gereedschappen gebruikt door de volgende beweringen te beoordelen.

N = Nooit S = Soms = A = Altijd

Zelfbewustzijn

Ik neem de tijd mijn gedachten en gevoelens onder de loep te nemen en ze zo nodig te veranderen

| N | S | A |

Ik ben me ervan bewust hoe mijn gedachten mijn houding en gedrag beïnvloeden.

| N | S | A |

Ik neem de tijd om rustig en zonder onderbrekingen na te denken.

| N | S | A |

Geweten

Ik heb een innerlijke stem die me zegt wat ik wel of niet moet doen.
`N  S  A`

Ik luister naar die innerlijke stem en gedraag me daarnaar.
`N  S  A`

Ik heb de tijd genomen om na te denken over wat ik belangrijk vind.
`N  S  A`

Ik weet het verschil tussen wat de maatschappij en de media willen dat ik belangrijk vind en wat mijn eigen waarden zijn.
`N  S  A`

Voorstellingsvermogen

Ik denk vooruit.
`N  S  A`

Ik heb mezelf voorgesteld hoe ik mijn doelstellingen realiseer.
`N  S  A`

Ik kan me gemakkelijk andere oplossingen voorstellen voor problemen of obstakels.
`N  S  A`

Vrije wil

Ik kom beloften die ik aan mezelf en anderen doe ook na.
`N  S  A`

Ik stel mezelf zinvolle doelen en bereik die ook.
`N  S  A`

Ik herinner mij m'n waarden en houd ze in ere op het moment dat ik een keuze moet maken.
`N  S  A`

Bekijk nu je antwoorden en vraag jezelf: 'Gebruik ik mijn pauzeknop vaak genoeg? Zo niet, hoe kan ik dat dan verbeteren?'

Lees het onderstaande scenario en beantwoord de volgende vragen.

Je werkt mee aan de schoolkrant en bent enorm betrokken en betrouwbaar. Drie maanden geleden is een nieuwe leerling tot de redactie toegetreden. Onlangs is hij hoofdredacteur van de schoolkrant geworden, de functie waar jij op gehoopt had.

Welke proactieve keuzen zou je in deze situatie kunnen maken door op pauze te drukken en elk van de vier menselijke gereedschappen te gebruiken in plaats van te reageren op basis van je gewoonten of emoties?

 Zelfbewustzijn:

 Geweten:

 Voorstellingsvermogen:

 Vrije wil:

Menselijke gereedschappen in actie

Soms denk je niet na over wat je doet, je doet het gewoon. Iemand doet je iets en jij doe iets terug. Je reacties zijn impulsen, je denkt niet aan de gevolgen. 'Gewoonte 1 – Wees proactief' vertelt je dat als je kunt leren op pauze te druk-

> Wat er gebeurt, is niet zo belangrijk als de manier waarop je reageert op wat er gebeurt.
> ELLEN GLASGOW

ken, je leven in eigen hand te nemen en na te denken over hoe je wilt reageren, je slimmere beslissingen neemt.

Om slimmere beslissingen te nemen gebruik je je gereedschapskist met de vier menselijke gereedschappen.

1. Lees de paragraaf 'Menselijke gereedschappen in actie' op pagina 78-80 van *Zeven eigenschappen die jou succesvol maken!*
2. Kies een van de menselijke gereedschappen.
3. Stel je voor dat je een personal trainer bent voor het menselijk gereedschap dat je gekozen hebt.
4. Bekijk het onderstaande voorbeeld van een weekplanner.
5. Ontwerp op de lege pagina's hierna je eigen trainingsprogramma in de vorm van plannerpagina's om het menselijk gereedschap sterker te maken.

Voorbeeld

Babystapjes

Kies een of twee babystapjes die je kunt doen. Vertel iemand anders over je ervaringen of schrijf je ervaringen en dat wat je geleerd hebt hier op.

1. De volgende keer dat iemand je boos maakt, maak je het vredesteken.

2. Luister vandaag goed naar wat je zegt. Tel hoe vaak je reactieve opmerkingen maakt, zoals 'Je maakt me...', 'Ik moet...', 'Waarom doen ze niet...', 'Ik kan niet...'.
   Reactieve opmerkingen die ik het meest maak:

   . . . .

   . . . .

3. Doe vandaag iets dat je altijd al hebt willen doen, maar nooit hebt gedurfd. Verlaat je cirkel van invloed en ga ervoor. Vraag iemand mee uit, steek je vinger op in de klas of sluit je aan bij een team.

4. Schrijf een briefje aan jezelf met de tekst: 'Ik laat ... niet voor mij beslissen wat voor humeur ik heb.' Plak dit op je garderobekastje, op je spiegel of in je agenda. Kijk er regelmatig naar.

5. Blijf op het volgende feestje niet gewoon langs de muur zitten wachten totdat er iets leuks gebeurt, maar neem zelf het initiatief. Sta op en stel jezelf voor aan iemand die je nog niet kent.

6. Als je weer eens een onvoldoende krijgt en je vindt dat dit niet terecht is, word dan niet kwaad en ga niet huilen, maar maak een afspraak met je leraar om je onvoldoende te bespreken en kijk dan wat je eraan kunt doen.

7. Bied wanneer je ruzie krijgt met een ouder of vriend, als eerste je excuses aan.

8. Zoek iets in je cirkel van betrokkenheid waarover je je altijd zorgen maakt. Besluit nu om je er geen zorgen meer over te maken

Iets waarop ik geen invloed heb en waar ik me toch altijd zorgen over maak:

. . . .

. . . .

9. Druk op de pauzeknop voordat je reageert als iemand tegen je aan loopt, je uitscheldt of voordringt.

10. Gebruik nu je gereedschap van zelfbewustzijn door jezelf af te vragen: 'Wat is mijn ongezondste gewoonte?' Besluit daar iets aan te veranderen. Ongezondste gewoonte:

. . . .

. . . .

Wat ik hieraan ga veranderen:

. . . .

. . . .

Babystapjes

Wat heb ik geleerd?

Welke babystapjes heb ik geprobeerd en wat heb ik ervan geleerd?

Gewoonte 2

Begin met het eind in gedachten

Bepaal je eigen lot of iemand anders doet het voor je

Begin met het eind in gedachten – de betekenis

'Gewoonte 2 – Begin met het eind in gedachten' betekent dat je een duidelijk beeld moet zien te krijgen van de richting waarin je je leven wilt laten gaan. Dit betekent dat je moet bepalen wat je waarden zijn en doelen moet vaststellen. Gewoonte 1 leert dat jij de chauffeur bent van je eigen leven, niet de passagier. Gewoonte 2 zegt dat jij, omdat je de chauffeur bent, besluit waar je naartoe wilt gaan en de weg kiest om daar te komen.

Beginnen met het eind in gedachten betekent niet dat je nu al alle details moet vastleggen. Dat zou de rit minder leuk maken. Het betekent simpelweg dat als je verder kijkt dan vandaag en besluit in welke richting je je leven wilt laten gaan, de kans heel groot is dat elke stap die je neemt je dichter bij dat doel brengt.

Eigenlijk doe je het al de hele tijd. Maak je niet eerst een opzet voordat je een opstel schrijft? Lees je niet eerst een recept voordat je een cake bakt? Raadpleeg je niet eerst een wegenkaart voordat je met de auto naar Eurodisney gaat?

Het kruispunt van het leven

Als je het eind in gedachten hebt, kun je daar als tiener enorm van profiteren omdat je je op een belangrijk kruispunt in je leven bevindt. De weg die je nu kiest beïnvloedt je toekomst.

> De weg die je nu kiest, heeft invloed op de rest van je leven.
> SEAN COVEY

KRUISPUNT VAN HET LEVEN

Op welk kruispunt van het leven sta jij nu? Welke wegen sla je in (bijvoorbeeld studie, huwelijk, gezin, carrière, leger, topsport, goede gezondheid, geld enzovoort)?
Vul je antwoorden in op de wegwijzer op pagina 74.

Elke dag wordt je geconfronteerd met vragen over kwesties als deze die direct invloed hebben op je toekomst. Beslis nu hoe je die vragen wilt beantwoorden voordat je ermee geconfronteerd wordt en moet beslissen zonder erover na te denken.

- School: (Stoppen met school of doorleren? Zo weinig mogelijk doen en er net mee door kunnen? Zelf een vervolgstudie kiezen of iemand anders laten beslissen?)

- Seks: (Wel of niet aan seks doen? Toegeven aan de druk van je vriend of vriendin? Niet aan seks doen maar anderen de indruk geven dat je dat wel doet?)

- Drugs: (Wel of niet drugs gebruiken? Wel of niet experimenteren? Toegeven aan de druk van leeftijdgenoten? Onder invloed autorijden of bewust niet drinken omdat jij moet rijden? Geen drugs gebruiken maar anderen de indruk geven dat je dat wel doet? Wel of niet roken? Anderen helpen bij drugsgebruik of niet?)

Gewoonte 2

Vrienden

'Gewoonte 2 – Begin met het eind in gedachten' leert je dat de weg die je nu kiest je voor altijd kan veranderen. Als je rookt, drinkt of drugs gebruikt, hoe zit het dan met je gezondheid over een paar jaar? Voor welke waarden en normen kies je? Waar sta je voor? Hoe draag jij je steentje bij aan de samenleving? Geloof het of niet, maar de antwoorden op deze vragen zijn afhankelijk van wat je als tiener doet en van welke beslissingen je als tiener neemt.

De vrienden die je kiest, kunnen een grote invloed hebben op de keuzen die je maakt. Vrienden kunnen je helpen maar je ook beschadigen. Ze hebben een grote invloed op je levenshouding, je reputatie en de richting van je leven, dus kies je vrienden verstandig.

Lees de paragraaf 'Vrienden' op pagina 86-88 van *Zeven eigenschappen die jou succesvol maken!* Vul daarna de volgende beweringen over je vrienden aan.

Mijn beste vrienden en vrienden waar ik tijd mee doorbreng, zijn: (Schrijf hun namen op.)

Leuke dingen die we graag samen doen, zijn:

De interesses die we met elkaar gemeen hebben, zijn:

En seks?

'Gewoonte 2 – Begin met het eind in gedachten' leert je dat de beslissing die je neemt over seks invloed heeft op je gezondheid, je zelfbeeld, de snelheid waarmee je volwassen wordt, je reputatie, met wie je zult trouwen, je toekomstige kinderen en nog veel meer. Je bent vrij om je eigen weg te kiezen, maar niet om de gevolgen van die weg te bepalen.

Lees de paragraaf 'En seks?' op pagina 88 van *Zeven eigenschappen die jou succesvol maken!* Beantwoord daarna de volgende vragen.

	Ja	Nee
Past seksueel actief zijn in je normen en waarden?		
Zouden je ouders het goed vinden als je aan seks deed?		
Stel dat je een kind zou krijgen, heb je dan voldoende verantwoordelijkheidsgevoel om het emotioneel en financieel bij te staan?		
Stel dat de relatie verbroken wordt, ben je dan blij dat je seks met je partner gehad hebt?		
Weet je zeker dat niemand je dwingt aan seks te doen?		
Wil je partner nu met je naar bed?		
Weet je absoluut zeker dat je partner geen seksueel overdraagbare aandoening (soa), inclusief hiv/aids, heeft?		

Als een van je antwoorden op deze vragen nee is, kun je beter wachten. Je leert meer over het nemen van deze moeilijke beslissing bij gewoonte 7.

Kies een van de dingen die je op de wegwijzer op pagina 74 van dit werkboek hebt opgeschreven en denk na over hoe die beslissing invloed zal hebben op je:

Gezondheid:

Zelfbeeld:

Reputatie:

Keuze voor een huwelijkspartner:

Toekomstige kinderen:

En school?

'Gewoonte 2 – Begin met het eind in gedachten' leert je dat wat je nu over je opleiding besluit, je toekomst enorm kan bepalen. Of je het je realiseert of niet, op dit punt in je leven ligt de hele wereld aan je voeten. Je kunt alles bereiken wat je maar wilt. Je kunt net zo ver komen als jij wilt. Maar een groot deel daarvan is afhankelijk van de beslissingen die je neemt over school. Wees dus verstandig en beperk je mogelijkheden niet door jezelf tekort te doen.

Leren van iemand anders

Lees de paragraaf 'En school?' op pagina 89-90 van *Zeven eigenschappen die jou succesvol maken!*

Iemand die ik ken die onderwijs en school belangrijk vindt:

Interview de persoon die je hiervoor genoemd hebt en stel hem of haar deze zes vragen:

1. Wat wilde jij toen je een tiener was, worden 'als je groot was'?

2. Wat waren je plannen voor een vervolgopleiding toen je een tiener was?

3. Op welke middelbare school heb je gezeten? Welke vervolgopleiding of studie heb je gedaan?

4. Hoe hebben je ervaringen op de middelbare school je verdere leven beïnvloed?

5. Hoe hebben je ervaringen tijdens je vervolgopleiding of studie je leven tot nu toe beïnvloed?

Gewoonte 2

6. Zou je willen dat je een andere opleiding had gekozen? Zo ja, wat had je dan willen doen?

Vragen voor jou na het interview

Het antwoord dat mij het meest verraste, was:

Andere antwoorden of dingen die ik verrassend vond, waren:

Het advies dat ik uit dit interview haal, is:

'Als ik groot ben', wil ik worden:

Door goed mijn best te doen op school kan ik dat doel bereiken, want:

Mijn plannen voor mijn verdere opleiding zijn:

De vervolgopleiding of studie die ik wil gaan doen, is:

Mijn ervaringen op de middelbare school die de rest van mijn leven zouden kunnen beïnvloeden, zijn:

Wie loopt voorop?

'Gewoonte 2 – Begin met het eind in gedachten' leert je dat wanneer je niet je eigen visie ontwikkelt, iemand anders het voor je doet – je vrienden, je ouders, de media of iemand anders. En wie weet hebben zij heel andere interesses dan jij. Tenzij je je eigen visie creëert van wie en wat je wilt zijn, zul je al snel iedereen volgen die voorop wil lopen, zelfs naar dingen waar je niet veel verder mee komt.

Lees de paragraaf 'Wie loopt voorop?' op pagina 90 van *Zeven eigenschappen die jou succesvol maken!* Denk na over jouw toekomstvisie en over waar, wat en wie je wilt zijn. Vul de onderstaande zinnen aan.

Een visie hebben van wie en waar ik in de toekomst wil zijn is belangrijk omdat:

De gevolgen van het niet hebben van een visie zijn:

Vrienden kiezen die dezelfde waarden en normen hebben als ik is belangrijk omdat:

Enkele dingen die mijn vrienden belangrijk vinden, zijn:

Enkele dingen die mijn ouders en familie belangrijk vinden, zijn:

De waarden en normen die ik gemeen heb met mijn vrienden en familie, zijn:

De gevolgen van het kiezen van vrienden met andere normen en waarden dan ik heb, zijn:

De keuzen die ik als tiener maak, kunnen mij als ik ouder ben op de volgende manier beïnvloeden:

Je eigen persoonlijk statuut opstellen

Een persoonlijk statuut is net zoiets als een persoonlijk credo of een motto waarin staat waar het in je leven om gaat. Het is de blauwdruk van je leven. Het is de wegenkaart voor je levensreis. Aangezien je je bestemming nog niet gekozen hebt, kun je er maar beter een buitengewone reis van maken en een blijvende herinnering achterlaten.

En onthoud hierbij het volgende: het leven is een missie, geen carrière. Een carrière is een beroep. Bij een carrière vraag je jezelf af: 'Wat levert het mij op?' Bij een doel vraag je jezelf af: 'Hoe kan ik een verschil maken?'

Een persoonlijk statuut is belangrijk voor me omdat:

Vul het werkblad 'De grote ontdekkingsreis' op de volgende pagina's in.

Gewoonte 2

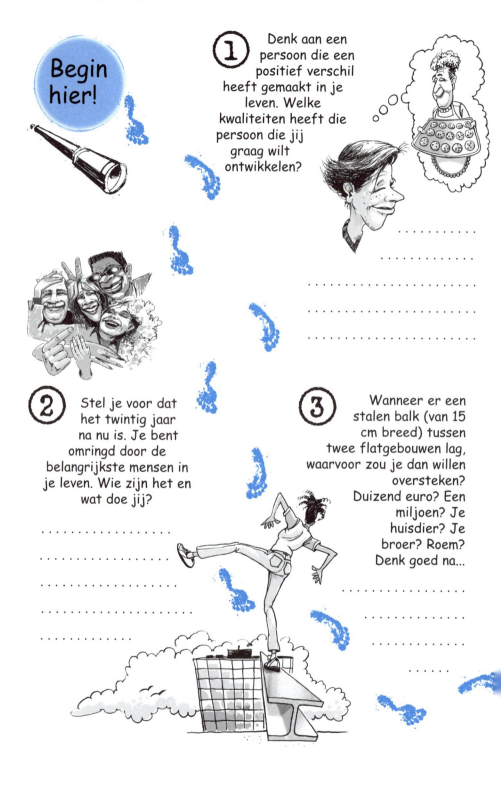

Begin hier!

1 Denk aan een persoon die een positief verschil heeft gemaakt in je leven. Welke kwaliteiten heeft die persoon die jij graag wilt ontwikkelen?

. . . .
. . . .
. . . .
. . . .
. . . .

2 Stel je voor dat het twintig jaar na nu is. Je bent omringd door de belangrijkste mensen in je leven. Wie zijn het en wat doe jij?

. . . .
. . . .
. . . .
. . . .
. . . .

3 Wanneer er een stalen balk (van 15 cm breed) tussen twee flatgebouwen lag, waarvoor zou je dan willen oversteken? Duizend euro? Een miljoen? Je huisdier? Je broer? Roem? Denk goed na...

. . . .
. . . .
. . . .

6 Beschrijf een moment waarop je diep geïnspireerd was.

. . . .

. . . .

. . . .

5 Noem tien dingen op die je graag doet. Bijvoorbeeld zingen, dansen, lezen, tekenen, lezen, dagdromen... alles wat je absoluut graag doet!

1 . . . .

2 . . . .

3 . . . .

4 . . . .

5 . . . .

6 . . . .

7 . . . .

8 . . . .

9 . . . .

10 . . . .

4 Als je één dag in een grote bibliotheek zou mogen doorbrengen en kon studeren wat je maar wilde, wat zou je dan studeren?

. . . .

. . . .

. . . .

7 Over vijf jaar schrijft de plaatselijke krant een artikel over jou en ze willen drie personen interviewen: een ouder, een broer of zus en een vriend. Wat zou je graag willen dat ze over je zeggen?

. . . .

. . . .

. . . .

8 Denk aan iets dat symbool staat voor jou – een roos, een lied, een dier. Waarom staat het symbool voor jou?

. . . .

. . . .

. . . .

9 Wanneer je een uur zou mogen doorbrengen met elke willekeurige persoon die ooit heeft geleefd, wie zou dat dan zijn? Waarom die persoon? Wat zou je vragen?

. . . .

. . . .

. . . .

HÉ, KIJK EENS
WAT IK HEB
GEVONDEN.
MEZELF!

Rekenen
Taal
Creatief
Sportief
Ondernemend
Meelevend
Technisch
Artistiek
Sociaal
Goed geheugen
Besluitvaardig
Doe-het-zelver
Verdraagzaam
Vooruitziend

Spreken
Schrijven
Dansen
Luisteren
Zingen
Gevoel voor humor
Gul
Muziek
Algemene
ontwikkeling

(10) Iedereen heeft een
of meer talenten.
Welke talenten in
de lijst hierboven
heb jij? Of schrijf talenten
op die niet in de lijst
voorkomen.

. . . .

. . . .

. . . .

. . . .

. . . .

Je talenten ontdekken

'Gewoonte 2 – Begin met het eind in gedachten' leert je dat een belangrijk onderdeel van de ontwikkeling van een persoonlijk statuut is ontdekken waar je goed in bent. Iedereen heeft een talent of gave of iets waar hij of zij goed in is. Het geheim is erachter te komen wat dat is.

Sommige talenten, zoals een prachtige zangstem, trekken veel aandacht naar zich toe. Maar er zijn allerlei andere talenten die misschien niet zo veel aandacht krijgen, maar die even belangrijk zijn. Goed kunnen luisteren, mensen aan het lachen maken, geven, vergeven, kunnen tekenen of gewoon aardig zijn, zijn talenten die van de wereld een betere plek maken.

Je talenten noemen

1. Lees de paragraaf 'Je talenten ontdekken' op pagina 93-94 van *Zeven eigenschappen die jou succesvol maken!*
2. Kies drie mensen die jou goed kennen.
3. Interview die drie mensen en vraag ze ten minste drie talenten te noemen die jij volgens hen hebt.
4. Schrijf de naam van iedere persoon en de talenten die hij of zij noemt hieronder op.

Persoon 1:

1. . . . .

2. . . . .

3. . . . .

Persoon 2:

1. . . . .

2. . . . .

3. . . . .

Persoon 3:

1. . . . .

2. . . . .

3. . . . .

5. Omcirkel de talenten waarvan jij niet wist dat je ze had.

Beginnen met je statuut

'Gewoonte 2 – Begin met het eind in gedachten' leert je dat er net zo veel manieren zijn om een persoonlijk statuut te schrijven als er mensen op aarde zijn. Het belangrijkste is dat je iets schrijft wat jou inspireert – iets wat jou herinnert aan je waarden en normen en de dingen die je in je leven wilt bereiken.

Lees de paragraaf 'Beginnen met je statuut' op pagina 100-101 van *Zeven eigenschappen die jou succesvol maken!*

Schrijf de naam op van een beroemd iemand.

Beantwoord de volgende vragen.

Wat is/was belangrijk aan deze persoon?

Wat inspireert/inspireerde deze persoon?

Wat is in het kort het statuut voor deze beroemde persoon?

Welke eigenschappen bewonder je het meest in andere mensen?

Lees de laatste twee pagina's en het werkblad 'De grote ontdekkingsreis' nog eens door. Schrijf nu in vijf minuten je persoonlijke statuut. Schrijf snel – stop niet om na te denken over wat je opgeschreven hebt of om het te herschrijven. Schrijf gewoon alles op wat in je op komt. Het maakt niet uit of het onsamenhangend of rommelig is. Als je niet weet wat je moet opschrijven, schrijf je dat op: 'Ik kan niks bedenken.' Als je maar blijft schrijven! Heb je hulp nodig, bekijk dan het onderstaande voorbeeld van een persoonlijk statuut.

Dit is het persoonlijke statuut van Steven Strong:

Religie
   Educatie
      Succes
         Productiviteit
            Eerlijkheid
               Conditie
                  Tederheid

Drie valkuilen

'Gewoonte 2 – Begin met het eind in gedachten' leert je dat etiketten een lelijke vorm zijn van vooroordelen. Als je iemand een etiket opplakt, trek je onterechte conclusies – vaak zonder dat je die persoon echt kent. Bijna iedereen krijgt op een bepaald moment in zijn of haar leven wel een etiket opgeplakt, maar het gevaar is dat je zelf in de etiketten gaat geloven.

Etiketten zijn namelijk net als paradigma's. Wat je ziet is wat je krijgt. Wanneer je bijvoorbeeld het etiket krijgt opgeplakt dat je lui bent en er zelf in gaat geloven, wordt dit geloof ook werkelijkheid. Je zult je aan het etiket gaan conformeren. Vergeet nooit dat je niet gelijk bent aan de etiketten die je worden opgeplakt.

Nadenken over wat je opvalt

Lees de paragraaf 'Drie valkuilen' op pagina 102-104 van *Zeven eigenschappen die jou succesvol maken!*

Stel, je loopt op school door de gang. Je komt een meisje tegen dat je nog nooit gezien hebt.

Het eerste dat me aan haar opvalt, is waarschijnlijk:

Plak ik haar meteen een etiket op door wat mij aan haar opvalt? Waarom?

Wat als wat mij aan het meisje opvalt, niet klopt? Hoe zorg ik ervoor dat ik dat etiket vergeet?

Een etiket dat ik iemand in het verleden heb opgeplakt, is:

Ik heb die persoon dat etiket opgeplakt omdat:

Het etiket had invloed op de manier waarop ik hem of haar behandelde omdat:

Een andere manier waarop het etiket hem of haar beïnvloed kan hebben, is:

Recht op het doel af gaan

'Gewoonte 2 – Begin met het eind in gedachten' leert je dat doelen specifieker zijn dan een statuut. Met doelen kun je je statuut in hapklare brokken opsplitsen. Een statuut is wat je wilt bereiken; doelen zijn hoe je dat gaat bereiken.

Het concreet maken

Lees de paragraaf 'Recht op het doel af gaan' op pagina 104-108 van *Zeven eigenschappen die jou succesvol maken!* Vul daarna de volgende zinnen aan.

Een doel dat ik graag wil bereiken is:

Stel de prijs vast – Een of twee dingen die ik misschien moet opgeven om dit doel te bereiken, zijn:

1. . . . .

. . . .

2. . . . .

. . . .

De voordelen die het me oplevert als ik deze dingen opgeef, zijn:

Schrijf het op – Ik schrijf mijn doel op deze speciale plek op:

Enkele specifieke dingen die ik moet doen of onthouden met betrekking tot dit doel, zijn:

Ga ervoor! – Ik gebruik de volgende manieren om mezelf eraan te herinneren dat ik dit doel wil bereiken:

Gewoonte 2

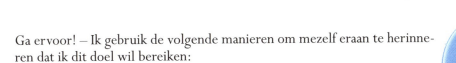

Gebruik belangrijke momenten – De veranderingen die ik in m'n leven heb doorgevoerd als gevolg van belangrijke momenten zijn: (Lees de lijst met belangrijke momenten op pagina 107 van *Zeven eigenschappen die jou succesvol maken!*)

Door die belangrijke veranderingen heb ik het volgende over mezelf geleerd:

Werk samen – De belangrijkste persoon die mij kan helpen mijn doel te bereiken, is:

Andere mensen die mij kunnen helpen mijn doel te bereiken, zijn:

Een beroemd iemand (van nu of van vroeger) waarvan ik wou dat hij of zij mij kon helpen mijn doel te bereiken, is:

De eigenschappen van hem of haar die mij zouden kunnen helpen mijn doel te bereiken, zijn:

Doelen in de praktijk

'Gewoonte 2 – Begin met het eind in gedachten' leert je dat doelen je helpen daar te komen waar je naartoe wilt. Zonder doelen zul je waarschijnlijk de weg kwijtraken en niet op je bestemming aankomen. Doelen helpen je op koers te blijven en zorgen ervoor dat je zo snel mogelijk op je bestemming aankomt.

Lees de paragraaf 'Doelen in de praktijk' op pagina 109-111 van *Zeven eigenschappen die jou succesvol maken!* Vul de onderstaande zinnen aan over hoe het stellen van doelen David geholpen heeft.

Het stellen van doelen heeft David geholpen daar te komen waar hij wilde zijn omdat:

Enkele dingen die hadden kunnen gebeuren als David geen doelen had gesteld:

Beantwoord nu deze vragen voor jezelf.

Mijn leven kan veranderen als ik doelen ga stellen omdat:

Het stellen van doelen helpt mij te beginnen met het eind in gedachten door:

Zwakke punten in sterke veranderen

Hoe vaak wens je dat je iemand anders was? Denk je wel eens: 'Ik wou dat ik zulke krullen had als zij…' of: 'Kon ik maar zo goed voetballen als hij…' of: 'Ik wou dat ik zo goed kon zingen…'?

'Gewoonte 2 – Begin met het eind in gedachten' leert je dat je zwakke punten je in feite sterker kunnen maken. Als je denkt dat je de fysieke, sociale of mentale gaven die je wilt hebben, niet hebt, moet je net een beetje meer moeite doen om je doelen te bereiken. En dat zware gevecht kan ervoor zorgen dat je kwaliteiten en sterke punten ontwikkelt die je anders nooit had gekregen.
Zo kan een zwak punt een sterk punt worden.

Een plan opstellen

Lees de paragraaf 'Zwakke punten in sterke veranderen' op pagina 111-112 van *Zeven eigenschappen die jou succesvol maken!*

Mijn sterke punten	Mijn zwakke punten
Ik ben een trouwe vriend	Ik trek vaak overhaaste conclusies

Ik kan de volgende stappen nemen om een van de bovengenoemde zwakke punten in een sterk punt te veranderen:

Maak je leven bijzonder

'Gewoonte 2 – Begin met het eind in gedachten' moedigt je aan je leven bijzonder te maken.
Omdat je lot nog niet vastligt, kun je het maar beter bijzonder maken en een blijvende herinnering achterlaten. Je hoeft met je missie de wereld niet te verande-

> Kracht komt niet voort uit fysieke vermogens, maar uit een onverzettelijke wil.
> MOHANDAS GANDHI

ren. Je moet gewoon je kansen opzoeken en ervan profiteren om de beste persoon te zijn die je kunt zijn.

Leren van het voorbeeld van een ander

Lees de paragraaf 'Maak je leven bijzonder' op pagina 112-113 van *Zeven eigenschappen die jou succesvol maken!*

De blijvende herinnering die ik wil achterlaten, is:

(Lees het onderstaande citaat van Greg Anderson.) De plek waarop ik de meeste aandacht richt, is:

De plek die ik hiervoor genoemd heb, is waar ik een blijvende herinnering wil achterlaten. Waar of niet waar?

Als het antwoord op de vorige vraag 'niet waar' was: ik ga mijn leven richten op het volgende om de herinnering die ik wil achterlaten ook werkelijk achter te laten en wel door:

> Er hoeft voor ons maar één ding te veranderen om gelukkig te worden in het leven: dat waar we onze aandacht op richten.
> GREG ANDERSON

Gewoonte 2

Babystapjes

Kies een of twee babystapjes die je kunt doen. Vertel iemand anders over je ervaringen of schrijf je ervaringen en dat wat je geleerd hebt hier op.

1. Stel vast wat de drie belangrijkste vaardigheden zijn die je voor jouw carrière nodig hebt. Moet je ordelijker werken, beter uit je woorden kunnen komen, beter kunnen schrijven?
    De drie belangrijkste vaardigheden die ik nodig heb voor mijn carrière:

    . . . .

    . . . .

    . . . .

2. Kijk 30 dagen achtereen elke dag naar je statuut (zo lang duurt het om een gewoonte te ontwikkelen). Laat je bij al je beslissingen leiden door je statuut.

3. Kijk in de spiegel en vraag jezelf af: 'Zou ik met iemand als mezelf willen trouwen?' Zo niet, werk dan aan de ontwikkeling van de gewoonten die je mist.

4. Ga naar je schooldecaan of beroepsadviseur en praat over je carrièremogelijkheden. Doe een psychologische test waarin je kunt onderzoeken welke talenten, kwaliteiten en interessen je hebt.

5. Voor welk belangrijk kruispunt sta je momenteel in je leven? Wat is op de lange termijn de beste weg om te volgen?
    Belangrijk kruispunt waarop ik me bevind: . . . .

    . . . .

    De beste te volgen weg: . . . .

    . . . .

6. Maak een kopie van 'De grote ontdekkingsreis'. Neem vervolgens met een vriend of familielid alle stappen door.

7. Denk na over je doelen. Heb je ze opgeschreven? Zo niet, trek dan tijd uit om dit te doen. Vergeet niet: een niet-opgeschreven doel is niets meer dan een wens.

8. Denk aan een negatief etiket dat je door anderen is opgeplakt. Verzin een paar dingen om dat etiket te veranderen.
Negatief etiket: . . . .

. . . .

Hoe kan ik dit veranderen: . . . .

. . . .

Babystapjes

Wat heb ik geleerd?

Welke babystapjes heb ik geprobeerd en wat heb ik ervan geleerd?

Gewoonte

Belangrijke zaken eerst

3

Ja en nee zeggen

Meer doen in je leven

Je hebt veel te doen en staat voor meer beslissingen en keuzen dan welke groep tieners in de geschiedenis ook. Een doorsneedag ziet er zo uit: je bespeelt een muziekinstrument en staat vroeg op om te oefenen. Daarna ga je naar school. Je moet je binnenkort inschrijven voor een vervolgopleiding. Je hebt je huiswerk voor scheikunde nog niet af en na school heb je voetbaltraining. Vanavond moet je werken en je hebt je broertje beloofd met hem een ijsje te gaan eten. Ook heb je nog een afspraakje gepland in het weekend, maar je hebt geen idee wat je gaat doen. Waar moet je beginnen?

> Ik moet de klok bepalen, niet erdoor bepaald worden.
> GOLDA MEIR

Kwadrant 1: de treuzelaar

Om 'Gewoonte 3 – Belangrijke zaken eerst' in de praktijk toe te passen moet je je tijd goed indelen en vermijden dat je dingen tot het laatste moment uitstelt. Gewoonte 3 legt uit dat je je tijd indeelt in vier verschillende tijdkwadranten. Elk kwadrant omvat verschillende soorten activiteiten, die worden verdeeld over twee categorieën: dringend en belangrijk.

Als je te veel tijd doorbrengt in kwadrant 1 (dringende en belangrijke taken), leidt dat tot stress en zorgen, doe je misschien niet je best en stel je jezelf en anderen wellicht teleur. Sommige mensen gedijen op deadlines. Ze krijgen er een kick van om alles op het laatste moment te doen. Ze beginnen pas aan iets als het echt dringend is. Ben jij een chronische treuzelaar die verslaafd is aan presteren onder druk? Lees de paragraaf 'Kwadrant 1: de treuzelaar' op pagina 118-119 van *Zeven eigenschappen die jou succesvol maken!*

Vul in de volgende tabel eerlijk in of de beweringen op jou van toepassing zijn of niet.

TEST TOMORROW

DE TREUZELAAR

	Waar	**Niet waar**
Ik eet vaak fastfood of sla maaltijden over omdat ik geen tijd heb voor een goede maaltijd.		
De avond voor een proefwerk moet ik de stof er nog in stampen.		
Ik schrijf opstellen de avond voordat ik ze moet inleveren. Ik lees ze zelden nog door voordat ik ze inlever.		
Ik kom regelmatig te laat op afspraken, trainingen, school enzovoort.		
Ik kan niet goed plannen en organiseren.		
Als er geen druk is, kan ik mezelf niet motiveren.		
Terwijl ik met iets bezig ben, zit ik met mijn gedachten vaak bij iets anders.		
Ik raak gefrustreerd door hoe traag mensen en dingen om me heen zijn; ik houd er niet van om te moeten wachten of in de rij te moeten staan.		
Het lijkt wel of ik altijd van de ene plek naar de andere ren.		
Ik heb (of maak) nauwelijks tijd voor mezelf.		
Ik wens regelmatig dat ik ergens aan had gedacht en er eerder iets aan had gedaan. Vaak ben ik gewoon te laat.		
Ik vergeet de verjaardagen van familie en vrienden.		
Ik vergeet regelmatig opdrachten of afspraken.		
Totaal		

Score 'Waar':

10-13   Je hebt absoluut een probleem wanneer het om dringende zaken gaat.

7-9   Je bent een gematigde treuzelaar.

1-6   Je hebt wel eens de neiging om dringende zaken uit te stellen, maar je houdt het wel in de hand.

Kwadrant 3: de ja-zegger

In kwadrant 3 staan dingen die dringend zijn maar niet belangrijk. Mensen die hun tijd doorbrengen in dit kwadrant, proberen doorgaans anderen tevreden te stellen en vinden het moeilijk nee te zeggen. Als je te veel tijd in kwadrant 3 doorbrengt, heb je misschien wel te weinig discipline.

Lees de paragraaf 'Kwadrant 3: de ja-zegger' op pagina 119-120 van *Zeven eigenschappen die jou succesvol maken!*

Een manier om je kostbare tijd te vullen met activiteiten die de moeite waard zijn, is om nu meteen vast te stellen wat je belangrijkste prioriteiten zijn. Daarna kun je eerst die activiteiten doen die die prioriteiten ondersteunen.

Noteer links in de volgende tabel twee van je grootste prioriteiten. Schrijf daarna rechts op welke activiteiten je laat schieten om aan die prioriteit te voldoen.

Hoge prioriteit	Activiteit die ik laat schieten om aan de prioriteit te voldoen
Slagen voor mijn eindexamen	Naschoolse activiteiten Feestjes Televisie Extra diensten op het werk

Kwadrant 2: de planner

Kwadrant 2 bestaat uit zaken zoals ontspanning, vriendschappen, sporten, plannen en je huiswerk maken. Het is het kwadrant van kwaliteit – de plek waar je wilt zijn.

'Gewoonte 3 – Belangrijke zaken eerst' leert je dat de sleutel tot effectief je tijd plannen is om zo veel mogelijk tijd te verschuiven naar kwadrant 2. De enige manier waarop je meer tijd in kwadrant 2 kunt doorbrengen, is door minder tijd door te brengen in de andere kwadranten.

Hoe is je tijd over de kwadranten verdeeld?

1. Lees de paragraaf 'Kwadrant 2: de planner' op pagina 121-122 van *Zeven eigenschappen die jou succesvol maken!*
2. Doe de oefening op de volgende pagina.
3. Tel de scores bij elkaar op in de daarvoor aangegeven hokjes.
4. Gebruik de scoretabel om voor elk kwadrant te bepalen welk percentage hoort bij de totaalscore.
5. Vul het percentage voor elk kwadrant in de tabel 'Tijdkwadranten' in.

Nooit = 1 Altijd = 5

1. Hoe vaak op een gemiddelde dag los ik problemen op? `1 2 3 4 5`

2. Hoe vaak op een gemiddelde dag werk ik eraan om mijn leervaardigheid te verbeteren? `1 2 3 4 5`

3. Hoe vaak op een gemiddelde dag stop ik met waar ik mee bezig ben omdat er vrienden bellen of langskomen? `1 2 3 4 5`

4. Hoe vaak op een gemiddelde dag kijk ik tv, speel ik computerspelletjes of surf ik op internet? `1 2 3 4 5`

5. Hoe vaak op een gemiddelde dag heb ik te maken met noodsituaties? `1 2 3 4 5`

6. Hoe vaak op een gemiddelde dag breng ik tijd door met mijn broers of zussen of andere gezinsleden? `1 2 3 4 5`

7. Hoe vaak op een gemiddelde dag doe ik dingen waarvan andere mensen willen dat ik ze doe? `1 2 3 4 5`

8. Hoe vaak op een gemiddelde dag hang ik rond en klets ik met vrienden? `1 2 3 4 5`

Vraag 1 en 5 (kwadrant 1): . . . .
Vraag 2 en 6 (kwadrant 2): . . . .
Vraag 3 en 7 (kwadrant 3): . . . .
Vraag 4 en 8 (kwadrant 4): . . . .

Scoretabel

Score	%
10	45
9	40
8	35
7	30
6	25
5	20
4	15
3	10
2	5

Tijdkwadranten

	Dringend	Niet dringend
Belangrijk	**1** ....% Belangrijk. Ik moet het doen of er gebeurt iets ergs.	**2** ....% Belangrijk voor mijn dromen en doelen.
Niet belangrijk	**3** ....% Lijkt dringend, maar als ik het laat schieten, gebeurt er niets ergs.	**4** ....% Niet erg belangrijk. Ook niet dringend. Tijdverspilling.

Gewoonte 3

Een agenda kopen

'Gewoonte 3 – Belangrijke zaken eerst' gaat over leren prioriteiten te stellen en je tijd zo in te delen dat de belangrijkste dingen (met de hoogste prioriteit) als eerste aan bod komen en niet als laatste. Je hebt dan misschien wel een mooi lijstje met doelen en goede bedoelingen, maar het moeilijkste is om ze ook echt te doen – ze prioriteit te geven.

Om wat het zwaarst is het zwaarst te laten wegen moet je ook leren je angsten te overwinnen en op moeilijke momenten sterk te zijn. Gewoonte 3 is de gewoonte van wilskracht, de kracht om ja te zeggen tegen de belangrijkste dingen en nee te zeggen tegen minder belangrijke dingen en sociale druk van leeftijdgenoten.

Bijhouden hoeveel tijd je aan dingen besteedt

1. Lees de paragraaf 'Een agenda kopen' op pagina 123-126 van *Zeven eigenschappen die jou succesvol maken!*
2. Vul in het volgende overzicht in hoeveel uur je gemiddeld per week aan elke activiteit besteedt.

Activiteit	Aantal uren
Afspraken	
Buitenschoolse activiteiten (cursussen, sport enzovoort)	
Eten	
Helpen in het huishouden	
Huiswerk maken	
Reizen	
Religieuze bijeenkomsten bijwonen	
School	
Slapen	
Studeren	
Tijd doorbrengen met familie	
Tijd doorbrengen met vrienden	
Uiterlijke verzorging	
Vrijetijdsbesteding	
Vrijwilligerswerk	
Werken	
Overig	
Totaal	

Heb ik meer te doen op een dag dan dat ik tijd heb?

De dingen die de meeste tijd kosten, zijn (school, tv-kijken, lezen, rondhangen met vrienden):

De dingen waar de gemiddelde dag mee gevuld zijn, zijn de dingen die het belangrijkst zijn voor mij. Waar of niet waar?

Datgene waar ik de meeste tijd aan verspil, is:

Met alles wat er in je leven gebeurt en alle dingen die je moet doen, is het een goed idee een agenda of een soort planner te gebruiken. Je hebt iets nodig om al je huiswerk, afspraken, to-do-lijstjes, speciale datums en doelen in op te schrijven, want anders vergeet je geheid dingen.

Elke week plannen

Elke week zijn er belangrijke dingen die je moet doen. Denk bijvoorbeeld aan leren voor een proefwerk, een leesopdracht afmaken, naar een wedstrijd van een vriend gaan, sporten, repeteren voor een uitvoering of concert of solliciteren naar een baan. Dit zijn je 'grote brok-ken' – de belangrijkste dingen die je die week moet doen.
In 'Gewoonte 3 – Belangrijke zaken eerst' leer je dat wanneer

je de grote brokken in je leven eerst plant, alles past – grote brokken *en* kiezelsteentjes, de minder belangrijke zaken.

De grote brokken oppakken

Ga aan het einde of aan het begin van elke week even rustig zitten en stel vast wat je de komende week gedaan wilt krijgen. Vraag jezelf af: 'Wat zijn de belangrijkste dingen die ik deze week moet doen?' Dat zijn de grote brokken voor de komende week. Het zijn een soort minidoelen die je helpen te leven volgens je persoonlijke statuut (zie gewoonte 2) en je doelen op de lange termijn te bereiken.

Lees de paragraaf 'Elke week plannen' op pagina 123-125 van *Zeven eigenschappen die jou succesvol maken!*

Mijn grote brokken voor de komende week zijn:

Ik zal ze in mijn week inplannen door: (Beschrijf je planningssysteem of wat je gaat doen.)

Bekijk de rollen die je vervult

Wist je dat je veel verschillende rollen in je leven speelt, zoals de rol van student, broer of zus, zoon of dochter, lid van een sportteam, lid van een club, kleinkind, werknemer enzovoort?
In 'Gewoonte 3 – Belangrijke zaken eerst' leer je te bepalen wat de belangrijkste rollen in je leven zijn, erover na te denken en een of twee dingen te bedenken die je per rol wilt doen.
Als je je leven plant op basis van je rollen, bewaar je het evenwicht in je leven. Denk na over je rollen terwijl je je dag plant. Op die manier zul je tijd besteden aan de zaken die jij het belangrijkst vindt en die tot geweldige resultaten leiden.

Gewoonte 3

Doelen stellen voor elke rol

De rollen die ik in mijn leven speel, zijn: (Bijvoorbeeld: leerling, vriend, familielid, werknemer, lid van toneelclub enzovoort.)

1. Noteer in de linkerkolom van de onderstaande tabel de belangrijkste rollen die jij vervult.
2. Vraag jezelf: 'Als ik deze week één ding zou doen dat een verschil zou maken in deze rol, wat zou dat dan zijn?'
3. Schrijf in de rechterkolom naast elke rol die je genoteerd hebt, iets wat een verschil zou maken.

Rol	Eén ding dat een verschil zou maken
Leerling	Leren voor scheikundeproefwerk
Familielid	Oma bellen

Streep in je weekplanning tijd af voor dat ene ding dat verschil zou maken in elke rol door deze in je agenda te schrijven. Je besluit bijvoorbeeld dat zondagmiddag het beste moment is om je oma te bellen. Streep nu deze tijd af. Dit werkt hetzelfde als het maken van een reservering. Als je aan een doel geen specifiek tijdstip toewijst, is de kans groot dat je het doel niet bereikt.

Vooruit plannen

1. Lees de paragraaf 'Elke week plannen' op pagina 123-125 van *Zeven eigenschappen die jou succesvol maken!*
2. Om je te helpen te beginnen met het einde in gedachten moet je je voorstellen dat je over tien jaar op een familiebijeenkomst of schoolreünie bent met de mensen die het dichtst bij je staan. Als zij ieder iets over jou zouden kunnen zeggen, wat wil jij dan dat ze zeggen?

3. Schrijf links in de onderstaande tabel de naam op van de persoon en zijn of haar relatie tot jou (bijvoorbeeld: familielid, vriend, klasgenoot, collega, leraar enzovoort).
4. Schrijf rechts op wat jij wilt dat hij of zij over jou zou zeggen. (Schrijf op wat deze persoon volgens jou over jou moet zeggen, ook al komt dat niet overeen met jouw huidige gedrag.)

Persoon	Statement over jou
Jane, beste vriendin	Ze wist me altijd op te beuren en was er altijd voor me als ik het moeilijk had.

Een van mijn belangrijke rollen waar ik me meer op wil richten, is:

Eén ding dat ik deze week zal doen om meer aandacht te besteden aan die rol, is:

De andere helft

Je tijd indelen is nog maar de eerste helft van gewoonte 3. De andere helft is leren om te gaan met sociale druk. Enkele van de moeilijkste momenten in je leven hebben te maken met sociale druk van leeftijdgenoten. Er is moed voor nodig om nee te zeggen wanneer al je vrienden ja zeggen. Soms kan sociale druk zo sterk zijn dat je die alleen kunt weerstaan door jezelf volledig terug te trekken uit de situatie of omgeving waarin je je bevindt.

Uitzoeken wat voor jou het belangrijkst is

Lees de paragraaf 'Bestand zijn tegen sociale druk' op pagina 133-135 van *Zeven eigenschappen die jou succesvol maken!*

Drie dingen die in mijn leven op de eerste plaats moeten komen, zijn:

1 . . . .

2 . . . .

3 . . . .

Van deze drie dingen is datgene wat op de eerste plaats moet komen in mijn leven:

Dit ding is zo waardevol voor mij omdat:

Sociale druk heeft op de volgende manieren invloed op mijn vermogen om dit ding de hoogste prioriteit te geven:

Ik kan weerstand bieden aan sociale druk door: (Beschrijf wat je kunt doen.)

Beginnen met het einde in gedachten kan me helpen dit ding op de eerste plaats te zetten omdat:

De eerste keer dat ik opkwam voor iets waarin ik geloofde, ondanks het feit dat ik daarin alleen stond, was:

Het ging hierom:

Neem je beslissingen nooit op basis van je angsten

Er zijn heel wat emoties in deze wereld, maar een van de ergste is waarschijnlijk angst. Denk aan alles wat je in je leven niet hebt gedaan omdat je bang was. Angsten fluisteren: 'Dat kun je niet' of 'Misschien vinden ze je wel helemaal niet aardig.' Die vervelende, maar o zo echte angsten kunnen ertoe leiden dat je vakken niet gaat volgen, geen vrienden maakt of niet in een team gaat spelen terwijl je dat eigenlijk wel zou willen.

Probeer dit citaat te onthouden als je denkt dat je angsten het van je gaan winnen: 'Neem je beslissingen nooit op basis van je angsten. Neem je beslissingen zelf.' Je angst overwinnen is nooit gemakkelijk, maar achteraf ben je er altijd blij om.

Je angsten onder ogen zien

Enkele dingen die ik graag doe, zijn:

Enkele dingen die ik gemakkelijk vind maar die iemand anders misschien moeilijk of beangstigend vindt, zijn: (Bijvoorbeeld: vrienden maken, skateboarden enzovoort.)

Ik ben bang voor deze dingen:

Dingen waarvoor ik moed moet verzamelen om ze te doen, zijn:

Het ergste dat zou kunnen gebeuren als ik deze angst onder ogen zou zien, is:

Het beste dat zou kunnen gebeuren als ik deze angst onder ogen zou zien, is: (Stel je voor hoe goed het zou voelen als je van die last bevrijd zou zijn.)

(Lees de paragraaf 'De cirkel van comfort en de cirkel van moed' op pagina 127-128 van *Zeven eigenschappen die jou succesvol maken!*) Enkele dingen die mij ervan weerhouden om in mijn cirkel van moed te stappen, zijn:

Iets wat buiten mijn cirkel van comfort ligt en waarop ik actie ga ondernemen, is:

Het algemene ingrediënt voor succes

'Gewoonte 3 – Belangrijke zaken eerst' leert je dat wanneer je belangrijke zaken eerst wilt doen, je discipline nodig hebt. Om je tijd goed in te delen heb je discipline nodig. Om je angsten te overwinnen heb je discipline nodig. Om op moeilijke momenten sterk te zijn en weerstand te bieden aan sociale druk heb je discipline nodig.

Je angst overwinnen is het begin van wijsheid.
BERTRAND RUSSELL

Een zekere Albert E. Gray bestudeerde jarenlang succesvolle mensen om het speciale ingrediënt te vinden waardoor ze allemaal zo succesvol waren. Wat denk je dat hij ontdekte? Het bleken niet hun kleren te zijn of het eten van veel vezels of een positieve geestelijke instelling. Nee, in plaats daarvan ontdekte hij het volgende. Knoop het goed in je oren.

Ga voor succes

Lees de paragraaf 'Het algemene ingrediënt voor succes' op pagina 135-136 van *Zeven eigenschappen die jou succesvol maken!*

Iets wat ik graag zou willen bereiken maar waarvoor ik heel hard zou moeten werken of veel zou moeten opofferen is: (Bijvoorbeeld concertpianist worden, goud ontdekken enzovoort.)

Vijf stappen die ik moet nemen om mijn doel te bereiken zijn: (Wil je bijvoorbeeld concertpianist worden, dan kan de lijst bestaan uit elke dag oefenen, op recitals spelen, muziek uit je hoofd leren, aan concoursen meedoen en studeren.)

1. . . . .

2. . . . .

3. . . . .

4. . . . .

5. . . . .

Wanneer ik mezelf voorstel dat ik dit doel heb bereikt, ben ik: (Beschrijf wat je doet en wie er bij je is.)

Gewoonte 3

Babystapjes

Kies een of twee babystapjes die je kunt doen. Vertel iemand anders over je ervaringen of schrijf je ervaringen en dat wat je geleerd hebt hier op.

1. Stel als doel om een maand lang een agenda te gebruiken. Houd je aan het plan.

2. Identificeer de dingen waaraan je de meeste tijd verspilt. Moet je echt twee uur lang bellen, de hele avond internetten of weer naar die herhaling kijken?

   De dingen waaraan ik de meeste tijd verspil: . . . .

   . . . .

3. Ben jij een 'ja-zegger', iemand die tegen alles en iedereen ja zegt? Zo ja, heb dan de moed vandaag nee te zeggen als dat de juiste beslissing is.

4. Wanneer je over een week een belangrijk proefwerk hebt, wacht dan niet tot de dag ervoor om te gaan studeren. Studeer iedere dag een beetje.

5. Denk aan iets dat je al lange tijd hebt uitgesteld, maar dat heel belangrijk voor je is. Reserveer er deze week tijd voor.

   Iets dat ik al heel lang heb uitgesteld: . . . .

   . . . .

6. Schrijf je tien belangrijkste grote brokken voor de komende week op. Reserveer nu tijd in je agenda om deze een voor een uit te voeren.

7. Identificeer een angst die je tegenhoudt je doelen te bereiken. Besluit nu om je cirkel van comfort te verlaten en je niet door die angst te laten weerhouden.

   Angst die me weerhoudt: . . . .

   . . . .

8. Hoe vatbaar ben jij voor sociale druk? Bepaal welke persoon of personen de meeste invloed op je hebben. Vraag jezelf af: 'Doe ik wat ik zelf wil of doe ik wat zij willen?'

Persoon of personen die de meeste invloed op mij hebben: . . . .

. . . .

Babystapjes

Wat heb ik geleerd?

Welke babystapjes heb ik geprobeerd en wat heb ik ervan geleerd?

De relatiebank-
rekening

De dingen des levens

Inleiding

We hebben het eerder gehad over de persoonlijke bankrekening en hoe die aan-
geeft in hoeverre je jezelf vertrouwt
en hoe zelfverzekerd je bent. Op
dezelfde manier geeft de relatiebankrekening aan hoeveel vertrouwen je hebt in en hoe zeker je jezelf
voelt over je verschillende relaties.
De relatiebankrekening lijkt heel veel op
een betaalrekening bij een bank. Je kunt er
geld op storten en de relatie verbeteren of er
geld van afhalen en de relatie verzwakken.
Hoe bouw je nu een gezonde en rijke relatiebankrekening op? Met één storting tege-
lijk. Er zijn twee dingen waarin de relatiebankrekening een beetje anders is dan de persoonlijke
bankrekening. Ten eerste: wat voor jou een storting is, is niet per se een storting voor de andere persoon in de relatie. Als je bijvoorbeeld een doos bon-
bons koopt voor iemand die op dieet is, is dat waarschijnlijk toch geen storting. Het tweede verschil is de omvang van de storting en dat de andere
persoon in de relatie de opname bepaalt en niet jij.

Om je te helpen begrijpen wat ik bedoel,
zijn hierna zes stortingen en de tegenge-
stelde opnamen opgesomd die altijd hetzelfde resultaat lijken te hebben:

> Eén vriendelijk
> woord kan drie
> wintermaanden
> verwarmen.
> JAPANS SPREEKWOORD

Stortingen	Opnamen
Beloften nakomen	Beloften verbreken
Kleine, aardige dingen doen	Je in jezelf terugtrekken
Trouw zijn	Roddelen en geheimen doorvertellen
Luisteren	Niet luisteren
Je excuses aanbieden	Arrogant zijn
Duidelijke verwachtingen scheppen	Verkeerde verwachtingen scheppen

Een van de meest invloedrijke stortingen die iemand ooit op mijn relatie-bankrekening heeft gedaan, is:

Waar sta ik in mijn relaties met anderen? (Schrijf de namen op van twee mensen en noteer voor beiden een bedrag in euro's, positief of negatief.)

	Saldo
Naam	+ € .... of – € ....
Naam	+ € .... of – € ....

Als ik dit aan de genoemde mensen in de lijst zou vertellen en hun zou vragen of zij net zo denken over mijn saldo op onze relatiebankrekening, zouden zij dit zeggen:

Voor elke categorie zou ik het volgende kunnen doen om mijn relaties te verbeteren:

Vrienden:

Broers en zussen:

Ouders of voogd:

Leraren:

Vriend of vriendin:

Beloften nakomen

Het hoofdstuk 'De relatiebankrekening' leert je dat
het nakomen van afspraken en beloften essentieel is
om vertrouwen op te bouwen. Je moet doen wat
je zegt dat je zult doen.

Als je een belofte niet nakomt, komt dat vaak
omdat je de belofte waarschijnlijk helemaal niet
had moeten doen. Beloof een vriend niet dat je
hem naar zijn werk zult brengen als je weet
dat je ouders de auto nodig hebben. Beloof
niet dat je op je kleine zusje zult passen als je die
avond een afspraakje hebt. Wanneer je je
realiseert dat je te veel hebt beloofd, moet je
zo snel mogelijk je excuses aanbieden en proberen een oplossing te vinden voor het probleem dat je veroorzaakt hebt.

Verbroken beloften weer goedmaken

Lees de paragraaf 'Beloften nakomen' op pagina 144-145 van *Zeven eigenschappen die jou succesvol maken!*

Een voorbeeld van een keer dat ik mijn belofte aan iemand niet nagekomen ben, is: (Beschrijf wat er gebeurd is.)

Ik heb het vertrouwen van die persoon weer gewonnen. Waar of niet waar?

Als de vorige bewering waar was: ik heb zijn of haar vertrouwen gewonnen door: (Beschrijf wat je gedaan hebt.)

Als de vorige bewering niet waar was: ik kan zijn of haar vertrouwen winnen door: (Beschrijf wat je kunt doen.)

Een voorbeeld van een keer dat iemand zijn of haar belofte aan mij niet nagekomen is, is: (Beschrijf wat er gebeurd is.)

Door die verbroken belofte voelde ik me:

Kleine, aardige dingen doen

Lees het verhaal op pagina 147 van *Zeven eigenschappen die jou succesvol maken!*
en vul daarna de volgende zinnen aan.

Lee deed op een heel eenvoudige manier iets aardigs, maar het had een
geweldig resultaat voor de relatiebankrekening. Iets aardigs wat ik kan doen
voor andere mensen is:

Een voorbeeld van een keer dat iemand iets aardigs voor mij deed, is:
(Beschrijf wat die persoon deed en hoe jij dat vond.)

Een relatie in mijn leven die ik wil verbeteren, is:

Een voorbeeld van iets aardigs wat ik voor die persoon kan doen, is:

Schrijf in een paar minuten snel op welke kleine, aardige dingen je vandaag
(zonder dat het je iets kost) zou kunnen doen voor de mensen die je tegenkomt:

Trouw zijn

In het hoofdstuk 'De relatiebankrekening' leer je dat trouw zijn doorslaggevend is voor een gezonde relatie. Roddelen en geheimen verklappen kunnen iemands reputatie enorm beschadigen. Als iemand jou vraagt iets geheim te houden, moet je dat ook doen. Als iemand tegen je begint te roddelen, moet je je op een beleefde manier daarvan distantiëren.

Testen hoe trouw je bent

Omcirkel de antwoorden die het meest op jou van toepassing zijn:

1. Als ik mijn vrienden een sappig verhaal hoor vertellen over iemand die ik ken, denk ik bij mezelf:
   a. Hoe weet ik of dit verhaal waar is? Ik moet die persoon het voordeel van de twijfel geven.
   b. Ik voel me ongemakkelijk bij dit gesprek. Ik vind de persoon waarover het gaat aardig en wil loyaal zijn. Ik denk dat ik er iets van moet zeggen.
   c. Ik weet niet zeker of deze roddel waar is, maar ik ben heel erg blij dat ik bij de groep hoor. Ik ga dat niet verpesten door er nu iets van te zeggen.
   d. Ik denk dat ik maar beter weg kan gaan.

2. Als iemand opkomt voor de persoon waarover ik aan het roddelen ben, denk ik bij mezelf:
   a. Ach, doe niet zo moeilijk! Iedereen vindt zo'n verhaal toch leuk!
   b. Ik vind het goed van hem dat hij er iets van zegt. Ik moet ook niet roddelen over andere mensen.
   c. Hij is gewoon jaloers dat hij nu niet in het middelpunt van de belangstelling staat.

3. Roddelen is naar mijn mening:
   a. Gewoon leuk en onschuldig, een manier om de tijd door te brengen met mijn vrienden.
   b. Niet eerlijk tegenover degenen die er niet bij zijn. Ik wil ook niet dat anderen over mij roddelen!
   c. Een manier om de stilte op te vullen als ik niet weet wat ik moet zeggen in een groep met mensen waarop ik graag een goede indruk wil maken.

4. Als iemand mij iets toevertrouwt en me vraagt of het tussen ons kan blijven, doe ik het volgende:
   a. Ik respecteer het verzoek en vertel het aan niemand.
   b. Ik denk dat wanneer hij of zij het echt geheim wilde houden, hij of zij het aan niemand zou hebben verteld, ook niet aan mij.

c. Ik vertel het alleen aan mijn beste vriend of vriendin, maar ik zeg wel tegen hem of haar dat het geheim moet blijven.

5. Roddels veroorzaken volgens mij:
   a. Wantrouwen. Als ik mijn vrienden hoor roddelen over anderen, vraag ik me af of zij ook over mij roddelen als ik er niet bij ben.
   b. Een breuk in het vertrouwen. Hoe kan ik een goede vriend(in) zijn als ik niet loyaal ben aan hem of haar als hij of zij er niet is?
   c. Gebrek aan zelfvertrouwen. Ik heb het gevoel dat ik niet meer met mijn vrienden over persoonlijke problemen kan praten. Wat als zij het niet geheim kunnen houden?
   d. Niets negatiefs. Iedereen weet dat het maar roddels zijn – niemand neemt dat toch serieus?

Heb je deze uitdrukking wel eens gehoord: 'sterke geesten praten over ideeën en zwakke over mensen'? Kijk nog eens naar je antwoorden hiervoor. Waar sta jij? Denk je dat er ruimte voor verbetering is? Soms roddelen groepen mensen omdat dat het gemakkelijkste om over te praten is. Maar dat hoeft niet zo te zijn. Denk aan interesses die je met elkaar gemeen hebt en begin daarover een gesprek! Je zult merken dat je gesprekken veel meer de moeite waard zijn en dat iedereen in de groep kan ontspannen en niet bang hoeft te zijn om anderen te kwetsen.

> Je kunt niet echt naar iemand luisteren en tegelijk iets anders doen.
> DR. M. SCOTT PECK

Luisteren

In het hoofdstuk 'De relatiebankrekening' leer je dat naar iemand luisteren een van de grootste stortingen kan zijn die je op de relatiebankrekening van een ander kunt doen. Door te luisteren naar wat anderen te zeggen hebben laat je zien dat je om hen geeft. Wanneer je luistert en geeft om de mensen om je heen, vorm je langdurige vriendschappen.

Degene die luistert beoordelen

Lees de paragraaf 'Luisteren' op pagina 150-151 van *Zeven eigenschappen die jou succesvol maken!*

Als ik met iemand praat, wil ik graag dat hij of zij aandachtig luistert en zich als volgt gedraagt:

Als iemands gedachten afdwalen en hij of zij niet naar me luistert, kan ik dat zien aan: (Beschrijf hoe de persoon zich gedraagt.)

Als ik naar iemand luister, laat ik aan hem of haar zien dat ik luister door: (Beschrijf wat je doet.)

Aandachtig luisteren kan volgens mij een negatief of positief effect hebben op de relatiebankrekening. Waar of niet waar?

Een situatie waarin de relatiebankrekening tussen mij en iemand anders werd beïnvloed, is: (Beschrijf de situatie.)

Je excuses aanbieden

Het hoofdstuk 'De relatiebankrekening' leert je dat je door je excuses aan te bieden als je iets verkeerd doet, een rood staande relatiebankrekening snel weer kunt herstellen. Als je te heftig reageert, schreeuwt of een stomme fout maakt, kun je het best je excuses aanbieden. Iedereen maakt fouten en niemand verwacht van jou dat je perfect bent. Laat je trots niet in de weg staan, want het is nooit zo erg als het lijkt. Bovendien werken excuses ontwapenend en vaak kunnen ze van wat een ramp had kunnen zijn een positieve ervaring maken. Probeer het daarom maar eens en bied je excuses aan de volgende keer dat je iets verkeerd doet. Je zult verbaasd zijn over het resultaat.

Oefenen in excuses aanbieden

Lees de paragraaf 'Je excuses aanbieden' op pagina 151-152 van *Zeven eigenschappen die jou succesvol maken!*

Een voorbeeld van een keer dat ik mijn excuses aangeboden heb voor iets, is: (Beschrijf de situatie.)

Nadat ik mijn excuses had aangeboden, voelde ik me: (Beschrijf je emoties.)

Een voorbeeld van een keer dat iemand aan mij excuses aanbood voor iets wat hij of zij gedaan had, is: (Beschrijf de situatie.)

Nadat hij of zij zijn of haar excuses had aangeboden, voelde ik me: (Beschrijf je emoties.)

> Mijn vrouw heeft me duizend keer 'Ik hou van jou' horen zeggen, maar ze heeft me nooit 'Sorry' horen zeggen.
> BRUCE WILLIS

Ik vind sorry zeggen moeilijk. Waar of niet waar?

Als de vorige bewering waar was: ik vind sorry zeggen moeilijk omdat:

Als de vorige bewering niet waar was: ik vind sorry zeggen gemakkelijk omdat:

Duidelijke verwachtingen stellen

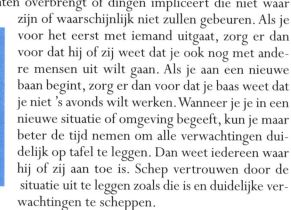

In het hoofdstuk 'De relatiebankrekening' leer je dat je door duidelijke verwachtingen te wekken voorkomt dat je vage berichten overbrengt of dingen impliceert die niet waar zijn of waarschijnlijk niet zullen gebeuren. Als je voor het eerst met iemand uitgaat, zorg er dan voor dat hij of zij weet dat je ook nog met andere mensen uit wilt gaan. Als je aan een nieuwe baan begint, zorg er dan voor dat je baas weet dat je niet 's avonds wilt werken. Wanneer je je in een nieuwe situatie of omgeving begeeft, kun je maar beter de tijd nemen om alle verwachtingen duidelijk op tafel te leggen. Dan weet iedereen waar hij of zij aan toe is. Schep vertrouwen door de situatie uit te leggen zoals die is en duidelijke verwachtingen te scheppen.

Onduidelijke verwachtingen

Lees de paragraaf 'Duidelijke verwachtingen stellen' op pagina 152 van *Zeven eigenschappen die jou succesvol maken!*

Een moment in mijn leven dat ik geen duidelijke verwachtingen schiep, is: (Beschrijf de situatie.)

Het gevolg van die situatie was:

Babystapjes

Kies een of twee babystapjes die je kunt doen. Vertel iemand anders over je ervaringen of schrijf je ervaringen en dat wat je geleerd hebt hier op.

Beloften nakomen

1. Vertel de volgende keer als je uitgaat je vader en moeder hoe laat je thuis bent en houd je daaraan.

2. Denk vandaag de hele dag voordat je dingen belooft, goed na of je die beloften wel kunt nakomen. Zeg alleen 'Ik bel vanavond' of 'Zullen we vandaag gaan lunchen' als je dat ook waar kunt maken.

Kleine aardige dingen doen

3. Koop deze week een krantje van een dakloze.

4. Schrijf een bedankbriefje aan iemand die je allang hebt willen bedanken.

   Persoon die ik moet bedanken: . . . .

Trouw zijn

5. Probeer vast te stellen in welke situaties het voor jou het moeilijkst is om niet te roddelen. Is dit bij een bepaalde vriend(in), in de garderobe, tijdens de lunch? Verzin een plan om voortaan in die situaties niet meer te roddelen.

6. Probeer een dag lang alleen positieve dingen over anderen te zeggen.

Luisteren

7. Praat vandaag eens wat minder. Breng de dag al luisterend door.

8. Denk aan een gezinslid bij wie je nooit de tijd hebt genomen om te luisteren, zoals een jonger zusje, een grotere broer of je opa. Neem vandaag de tijd om naar die persoon te luisteren.

Excuses aanbieden

9. Schrijf voordat je vanavond naar bed gaat een eenvoudig briefje waarin je iemand die je hebt beledigd, je excuses maakt.

Duidelijke verwachtingen stellen

10. Bedenk een situatie waarin jij en de andere partij verschillende verwachtingen hebben. Stel een plan op om op dezelfde golflengte te komen.

Verwachting van de ander: . . . .

. . . .

Mijn verwachting: . . . .

. . . .

Babystapjes

Wat heb ik geleerd?

Welke babystapjes heb ik geprobeerd en wat heb ik ervan geleerd?

Gewoonte

Denk win-win

Het leven is één groot feest

Winnen-verliezen – de totempaal

> Waarvoor zouden we anders leven dan om het leven voor elkaar gemakkelijker te maken?
> GEORGE ELIOT,
> SCHRIJFSTER

'Gewoonte 4 – Denk win-win' leert je dat winnen-verliezen een levenshouding is die gebaseerd is op het idee dat de hoeveelheid succes op de wereld beperkt is, dus als jij een groter stuk krijgt, is er minder over voor een ander. Winnen-verliezen is prestatiegericht: relaties, vriendschappen en trouw zijn minder belangrijk dan het winnen van de wedstrijd, de beste zijn en je zin krijgen. Maar uiteindelijk ben je met een winnen-verliezen-mentaliteit doorgaans de verliezer. Je belandt dan misschien wel boven aan de totempaal, maar dan wel alleen en zonder vrienden.

Mensen met een winnen-verliezen-mentaliteit kun je aan allerlei dingen herkennen:

- Ze gebruiken anderen emotioneel of fysiek voor hun egoïstische doeleinden.
- Ze proberen te slagen over de rug van anderen.
- Ze verspreiden geruchten over iemand anders.
- Ze willen altijd hun zin krijgen zonder rekening te houden met de gevoelens van anderen.
- Ze worden jaloers als iemand in hun omgeving succes heeft.

Een situatie waarin ik een winnen-verliezen-mentaliteit had, is:

In die situatie voelde ik me:

Veranderen naar win-win

Lees de paragraaf 'Winnen-verliezen – de totempaal' op pagina 157-159 van *Zeven eigenschappen die jou succesvol maken!*

Zoek in een krant of tijdschrift een artikel op dat een voorbeeld bevat van winnen-verliezen en plak het hieronder:

Gewoonte 4

Hou hadden de mensen in het artikel hun winnen-verliezen-mentaliteit kunnen veranderen in een win-win-mentaliteit?

Wat had er anders kunnen zijn als beiden een win-win-mentaliteit hadden gehad?

Verliezen-winnen – de voetveeg

Een voetveeg dient anderen en krijgt daar niets voor terug, anderen vegen als het ware hun voeten aan die persoon af.

Als je een verliezen-winnen-mentaliteit hebt, wordt je in wezen een voetveeg voor andere mensen. 'Gewoonte 4 – Denk win-win' legt uit dat je met een verliezen-winnen-mentaliteit lage of helemaal geen verwachtingen stelt en keer op keer je principes verloochent. Dat klinkt niet zo leuk, toch?

Je hoeft natuurlijk niet altijd te winnen. Verliezen-winnen is geen probleem als het om dingen gaat die je niet zo belangrijk vindt. Als je maar wel een standpunt inneemt bij de belangrijke dingen.

Mensen met een verliezen-winnen-mentaliteit kun je vaak herkennen aan deze dingen:

- Ze hebben geen hoge verwachtingen van zichzelf.
- Ze hebben weinig eigenwaarde en vinden zichzelf niet belangrijk of niet goed genoeg.
- Ze verloochenen keer op keer hun principes.
- Ze geven toe aan sociale druk.
- Ze laten zich vertrappen in de naam van de lieve vrede.

Een situatie waarin ik een verliezen-winnen-mentaliteit had, was: (Beschrijf de situatie.)

In die situatie voelde ik me:

Veranderen naar win-win

Lees de paragraaf 'Verliezen-winnen – de voetveeg' op pagina 159-161 van *Zeven eigenschappen die jou succesvol maken!*

Ik had die situatie kunnen veranderen in win-win door: (Beschrijf wat je had kunnen doen.)

Verliezen-verliezen – de neerwaartse spiraal

Wraak is zoet, zeggen ze toch? Als iemand je pijn doet, wil jij hem of haar natuurlijk ook pijn doen. Het is veel gemakkelijker om wraak te nemen dan om iemand te vergeven. Echter, je denkt misschien dat je wint door wraak te nemen, maar feitelijk schaad je alleen jezelf.

'Gewoonte 4 – Denk win-win' leert je dat het bij verliezen-verliezen draait om wraak, om koste wat kost willen winnen en om negatieve obsessies voor een ander. Verliezen-verliezen betekent: 'Als ik verlies, dan sleep ik jou met me mee!'

Bij verliezen-verliezen zijn er geen winnaars, alleen verliezers. Jij moet kiezen bij welke club je het liefst wilt horen.

Mensen met een verliezen-verliezen-mentaliteit doen vaak het volgende:

- Ze zoeken wraak.
- Ze willen koste wat kost winnen.
- Ze zijn op een negatieve manier geobsedeerd door anderen.
- Ze hebben relaties waarin de partners afhankelijk van elkaar zijn en die emotioneel ongezond zijn.

Een situatie waarin ik een verliezen-verliezen-mentaliteit had, was: (Beschrijf de situatie.)

In die situatie voelde ik me:

Verliezen-verliezen op tv

Lees de paragraaf 'Verliezen-verliezen – de neerwaartse spiraal' op pagina 161-162 van *Zeven eigenschappen die jou succesvol maken!*

Bekijk een van je favoriete tv-programma's en beantwoord daarna de volgende vragen.

Noem enkele voorbeelden van verliezen-verliezen die je in je favoriete tv-pro-gramma gezien hebt.

Hoe had verliezen-verliezen invloed op de andere personages en/of de situatie?

Veranderde de verliezen-verliezen-mentaliteit in een win-win-mentaliteit?

Waarom en hoe dan, of waarom niet?

Neem een van je voorbeelden van een verliezen-verliezen-mentaliteit en leg uit hoe die had kunnen worden veranderd in een win-win-mentaliteit. (Veranderde het voorbeeld in het programma zelf in een win-win-mentaliteit, bedenk dan zelf een creatief win-win-alternatief.)

Vermijd de verliezen-verliezen-mentaliteit door je voor te bereiden op win-win-denken. Een specifieke situatie waar ik de komende week wellicht mee te maken krijg en die win-win-denken vereist, is:

Manieren waarop ik me kan voorbereiden op win-win-denken zijn:

Winnen-winnen – het grote feest

Winnen-winnen is een levenshouding. Het is een mentaliteit die zegt: ik kan winnen, maar jij ook; het is niet jij of ik, maar jij *en* ik. De win-win-mentaliteit is de basis om succesvol te zijn in het leven door anderen te helpen succesvol te zijn.

Kenmerken van mensen met een win-win-mentaliteit zijn:

· Ze zijn blij als anderen succes hebben.
· Ze helpen anderen om succesvol te zijn.
· Ze hebben de overtuiging dat er genoeg is voor iedereen.
· Ze zijn bereid erkenning te delen met anderen.
· Ze zien het leven als één groot feest voor iedereen.

Een situatie waarin ik een win-win-mentaliteit had, was: (Beschrijf de situatie.)

In die situatie voelde ik me:

Win-win-denken in de praktijk

Lees de paragraaf 'Winnen-winnen – het grote feest' op pagina 162-163 van *Zeven eigenschappen die jou succesvol maken!*

Win-win-denken vind ik het moeilijkst als:

Win-win-denken vind ik het gemakkelijkst als:

Wanneer ik oefen in win-win-denken, profiteer ik daar op de volgende manieren van:

Vijf manieren waarop ik win-win-denken kan toepassen in mijn relaties, zijn:

1. . . . .

2. . . . .

3. . . . .

4. . . . .

5. . . . .

Eerst de overwinning op jezelf

Concurrentie hoort bij het leven. Ook op de middelbare school vind je concurrentie, bijvoorbeeld tijdens sportwedstrijden of verkiezingen voor de leerlingenraad. Concurrentie is niet beperkt tot georganiseeerde evenementen; je concurreert ook voortdurend om cijfers of aandacht. Concurrentie is gezond wanneer je je eigen grenzen wilt verleggen of wanneer het je stimuleert om je net een beetje meer in te zetten en maximaal te presteren.

Maar hoe kun je win-win-denken als er uiteindelijk maar één persoon of team met de hoofdprijs vandoor kan gaan? 'Gewoonte 4 – Denk win-win' raadt aan te beginnen met de overwinning op jezelf.

Bij de overwinning op jezelf gaat het om zelfbeheersing en zelfdiscipline. Het gaat erom dat je zo goed mogelijk je best doet en leert van nederlagen. Concurrentie wordt donker en verandert in winnen-verliezen als je eigenwaarde afhankelijk wordt van het feit of je wint of als je het gebruikt om jezelf boven anderen te plaatsen.

Je wint dan misschien wel niet alle wedstrijden, maar als je er ondanks een nederlaag in slaagt de overwinning op jezelf te behalen, ben je toch een winnaar.

Concurreren in stijl

Lees de paragraaf 'Eerst de overwinning op jezelf' op pagina 164 van *Zeven eigenschappen die jou succesvol maken!*

Ik concurreer op het gebied van:

LATEN WE
'N WIN-WIN-
OPLOSSING
ZOEKEN PA!

Concurreren leidt vaak tot vervelende situaties als ik:

Kies twee van de hiervoor genoemde situaties waarin je concurreert en noteer ze in de onderstaande tabel. Geef aan hoe je in die situaties jezelf kunt overwinnen, ongeacht of je nu wint of verliest.

Concurrentie	Overwinning op jezelf
1.	
2.	

Vermijd twee slechte gewoonten

In 'Gewoonte 4 – Denk win-win' leer je twee gewoonten te vermijden. Concurreren en vergelijken zijn twee gewoonten die je van binnen langzaam kunnen verteren. Als je deze twee gewoonten hebt, zul je het praktisch onmogelijk vinden om win-win te denken. Soms is concurrentie heel gezond. Het stimuleert je om jezelf te verbeteren, je in te zetten en nog net een beetje meer je best te doen, zodat je ontdekt waar je toe in staat bent. Concurrentie wordt slecht als je eigenwaarde afhankelijk wordt van het feit of je wint of als je het gebruikt om jezelf boven anderen te plaatsen.

Jezelf met anderen vergelijken is bijna altijd gevaarlijk. Jullie maken allemaal een andere ontwikkeling door – sociaal, mentaal en fysiek. Het is nooit een goed idee om je leven te baseren op een vergelijking tussen jezelf en anderen.

Gezonde concurrentie

Lees de paragraaf 'Vermijd twee slechte gewoonten' op pagina 164-168 van *Zeven eigenschappen die jou succesvol maken!*
Denk goed na over je dagelijkse activiteiten en kijk hoe vaak je denkt in termen van vergelijken en concurreren. Stel jezelf de volgende vragen en beantwoord ze eerlijk. Omcirkel het antwoord dat het meest op jou van toepassing is.

1. Als iemand een hoger cijfer haalt op een overhoring, denk ik:
   a. Wat goed van haar! Ze heeft vast tijd vrijgemaakt om te leren.
   b. Natuurlijk heeft ze een hoger cijfer, ze heeft ook niks beters te doen met haar tijd.
   c. Ik haal nooit zo'n hoog cijfer, daar ben ik niet slim genoeg voor.

2. Terwijl ik in de supermarkt in de rij voor de kassa sta, bekijk ik de glossy's en roddelbladen en denk:
   a. Wauw! Zij hebben hard gewerkt om zo beroemd te worden. Dat hebben ze goed gedaan.
   b. Ze zien er alleen maar zo uit omdat ze genoeg geld hebben om trainers, koks, plastische chirurgie en fitnessapparatuur te kunnen betalen.
   c. Ik zou er nooit zo uit kunnen zien, ook al was ik nog zo rijk. Ik ben nou eenmaal niet knap.

3. Op het trapveldje bij ons in de straat zie ik een paar jongens die bij de junioren van een profvoetbalclub spelen, voor hun plezier voetballen. Ik denk:
   a. Zou ik mee mogen doen en zouden ze me wat nieuwe trucs willen leren?
   b. Ze zijn helemaal niet zo goed. Ik wed dat het juniorenteam van een andere profclub hen met gemak kan verslaan.
   c. Ze laten me toch nooit mee doen. Ze zijn veel te goed en ik ben zo'n stuntel.

Als je voor een van de situaties 'a' geantwoord hebt, heb je met succes de twee slechte gewoonten, concurreren en vergelijken, vermeden.

Heb je voor een van de situaties 'b' geantwoord, dan moet je uitkijken voor een ongezonde concurrerende houding. Je denkt te veel in termen van winnen-verliezen en verliezen-winnen.

Als je voor een van de situaties 'c' geantwoord hebt, vergelijk je jezelf te veel met anderen. Je bevindt je in een situatie van verliezen-verliezen.

De vruchten van de win-win-mentaliteit

Hoe weet je of je een win-win-mentaliteit hebt? Volgens 'Gewoonte 4 – Denk win-win' is de ware test hoe je je voelt. Winnen-verliezen en verliezen-winnen vertroebelen je oordeel en vullen je met negatieve gevoelens. Anderzijds zul je merken dat win-win-denken je met gelukkige en serene gedachten vult en je zelfvertrouwen geeft.

Ga voor win-win

Lees de paragraaf 'De vruchten van de win-win-mentaliteit' op pagina 169-171 van *Zeven eigenschappen die jou succesvol maken!*
Als je een gewone tiener bent, bevind je je vast en zeker in een emotionele krachtmeting met je ouders of zit je in een impasse met een broer of zus of vriend over een situatie waarin jullie allebei een andere mening hebben. Stel in het heetst van de strijd deze vragen: 'Hoe kunnen we een win-win-situatie creëren voor ons allebei? Ik wil wel voor win-win gaan, jij ook?'

Denk je dat je ouders verrast zullen zijn? Hoe zullen ze reageren, denk je?

Wat zullen je vrienden of broers en zussen denken of zeggen? Zullen ze je in eerste instantie wantrouwen? Waarom of waarom niet?

Teken hun gezicht of schrijf een creatief scenario waarin je de gebeurtenissen en het eindresultaat beschrijft.

Lees het verhaal over Jacques Lusseyran op pagina 171 van *Zeven eigenschappen die jou succesvol maken!* Ga na hoe je je voelt om te testen of je de volgende keer dat je met je familie en vrienden omgaat, win-win kunt denken.

Babystapjes

Kies een of twee babystapjes die je kunt doen. Vertel iemand anders over je ervaringen of schrijf je ervaringen en dat wat je geleerd hebt hier op.

1. Stel vast op welke gebieden in je leven je de meeste problemen hebt met vergelijkingen. Is dat op het gebied van kleren, uiterlijk, vrienden of talenten?
   Op welk gebied heb ik de meeste problemen met vergelijkingen:

   . . . .

   . . . .

2. Als je een sport beoefent, wees dan sportief. Geef iemand van de tegenpartij na de wedstrijd een compliment.

3. Als je van iemand geld verschuldigd bent, vraag er dan vriendelijk naar. 'Weet je nog dat ik je de vorige week tien euro heb geleend? Die zou ik nu wel kunnen gebruiken.' Denk winnen-winnen, niet verliezen-winnen.

4. Speel een kaartspel, bordspel of computerspel met anderen, gewoon voor je plezier, zonder je erom te bekommeren of je wint of verliest.

5. Heb je binnenkort een belangrijk proefwerk? Zo ja, richt dan een huiswerkgroepje op en werk samen met anderen om het proefwerk te leren. Jullie zullen allemaal beter presteren.

6. Wees de volgende keer dat iemand in je omgeving succes heeft, echt blij voor die persoon en voel je niet bedreigd.

7. Denk na over je algemene levenshouding. Is deze gebaseerd op winnen-verliezen, verliezen-winnen, verliezen-verliezen of winnen-winnen? Welke invloed heeft deze houding op je?

8. Denk aan een persoon die je een typisch voorbeeld vindt van winnen-winnen. Wat bewonder je zo aan deze persoon?

   Persoon: . . . .

Wat ik aan hem of haar bewonder: . . . .

9. Bevind je je in een verliezen-winnen-relatie met iemand van het andere geslacht? Zo ja, denk dan na over wat je kunt doen om er een win-win-relatie van te maken of kies voor geen akkoord en verbreek de relatie.

Babystapjes

Wat heb ik geleerd?

Welke babystapjes heb ik geprobeerd en wat heb ik ervan geleerd?

Gewoonte 5

Eerst begrijpen,
dan begrepen worden

Je hebt
twee
oren en
één
mond

De diepste behoefte van een menselijk hart

> De diepste behoefte
> van het menselijk hart
> is begrepen te worden.
> STEPHEN R. COVEY

Stel, je gaat naar de dokter en hij of zij schrijft medicijnen voor zonder een diagnose te stellen. Zou je er zeker van zijn dat de medicijnen je zullen genezen? Zou je de dokter vertrouwen en zijn of haar advies opvolgen?

'Gewoonte 5 – Eerst begrijpen, dan begrepen worden' legt uit hoe belangrijk het is om eerst een diagnose te stellen en dan pas een recept voor te schrijven. Bij communicatie betekent dit dat je eerst luistert en daarna pas praat.

Dankzij deze gewoonte werkt communicatie, want de diepste behoefte van het menselijk hart is begrepen te worden. Iedereen wil worden gerespecteerd en gewaardeerd voor wie en wat hij of zij is – een individu. Ken je het gezegde: 'Het interesseert mensen pas hoeveel je weet als ze weten hoeveel jij je voor hen interesseert?' Hoe voel jij je als iemand niet de tijd neemt om echt naar je te luisteren? Dan voelt het alsof het ze eigenlijk niets kan schelen.

Je emoties onder de loep

Lees de paragraaf 'De diepste behoefte van een menselijk hart' op pagina 175-177 van *Zeven eigenschappen die jou succesvol maken!*

Twee of drie dingen waarvan ik wou dat mijn ouders ze begrepen, zijn:

1. . . . .

2. . . . .

3. . . . .

Twee of drie dingen waarvan ik wou dat mijn leraren ze begrepen, zijn:

1. . . . .

2. . . . .

3. . . . .

Twee of drie dingen waarvan ik wou dat mijn vrienden ze begrepen, zijn:

1. . . . .

2. . . . .

3. . . . .

Twee of drie dingen waarvan ik wou dat mijn broers of zussen ze begrepen, zijn:

1. . . . .

2. . . . .

3. . . . .

Iemand die ik ken en die met een probleem worstelt, is:

Hoe kan ik hem of haar zich op zijn of haar gemak laten voelen en hem of haar het gevoel geven geaccepteerd en begrepen te worden?

Vijf slechte luisterstijlen

Als je iemand wilt begrijpen, moet je naar die persoon luisteren. Verrassing! Het probleem is dat de meeste mensen, jij waar-schijnlijk ook, niet weten hoe ze moeten luisteren. We hebben het te druk met het verzinnen van een antwoord, met oordelen of met het filteren van hun woorden door onze eigen paradigma's. We gebruiken doorgaans een van de vijf volgende luisterstijlen:

1. Wegdromen: iemand praat tegen je, maar je negeert hem of haar omdat je met je gedach-ten ergens anders zit.

Een voorbeeld van een situatie waarin iemand wegdroomde terwijl hij of zij naar mij luisterde, is:

Daardoor voelde ik me:

Ik merk dat ik dit bij iemand zelf ook vaak doe. Waar of niet waar?

Als de vorige bewering waar was: wanneer was dat dan en wie is de betreffende persoon?

2. Doen alsof: je besteedt geen aandacht aan de persoon die praat, maar je doet wel net alsof. Wanneer je denkt dat de persoon een antwoord wil, zeg je 'hm hm', 'leuk', 'ja'.

Een voorbeeld van een situatie waarin iemand deed alsof hij of zij naar mij luisterde, is:

Daardoor voelde ik me:

Ik merk dat ik dit bij iemand zelf ook vaak doe. Waar of niet waar?

Als de vorige bewering waar was: wanneer was dat dan en wie is de betreffende persoon?

3. Selectief luisteren: je besteedt alleen aandacht aan het deel van het gesprek dat je interesseert of op jou betrekking heeft. Je hoort alleen bepaalde woorden en begint dan te praten over het onderwerp waarover je zelf graag wilt praten, in plaats van te luisteren naar wat de ander je probeert te vertellen.

Een voorbeeld van een situatie waarin iemand selectief naar mij luisterde, is:

Daardoor voelde ik me:

Ik merk dat ik dit bij iemand zelf ook vaak doe. Waar of niet waar?

Als de vorige bewering waar was: wanneer was dat dan en wie is de betreffende persoon?

4. Alleen naar de woorden luisteren: je besteedt aandacht aan de woorden, maar je mist de essentie omdat je de toon, de emoties en de lichaamstaal negeert. Als je alleen naar de woorden luistert, merk je zelden iets van de diepere emoties in de harten van mensen.

Een voorbeeld van een situatie waarin iemand alleen naar mijn woorden luisterde, is:

Daardoor voelde ik me:

Ik merk dat ik dit bij iemand zelf ook vaak doe. Waar of niet waar?

Als de vorige bewering waar was: wanneer was dat dan en wie is de betreffende persoon?

5. Egocentrisch luisteren: je betrekt alles wat je hoort op je eigen standpunt. Je zegt: 'Ik weet precies hoe je je voelt!', maar je weet helemaal niet precies hoe de ander zich voelt en je hebt niet lang genoeg geluisterd om te laten zien dat het je überhaupt iets kan schelen. Sommige mensen spelen een spel waarin ze proberen de ander steeds een slag voor te zijn: 'En jij denkt dat jij een slechte dag had? Dat is nog niets. Mijn dag was nog veel slechter.'

Een voorbeeld van een situatie waarin iemand egocentrisch naar mij luisterde, is:

Daardoor voelde ik me:

Ik merk dat ik dit bij iemand zelf ook vaak doe. Waar of niet waar?

Als de vorige bewering waar was: wanneer was dat dan en wie is de betreffende persoon?

Ga naar een drukke plek, zoals een winkelcentrum of een school, waar je heel veel mensen met elkaar zult zien praten. Observeer twintig minuten lang mensen die met elkaar praten. Schrijf daarna een scenario over wat jij denkt dat er aan de hand was en wat er gezegd werd.

Observatie 1

Waar:

Scenario:

Werd er goed naar elkaar geluisterd? Ja of nee.

Observatie 2

Waar:

Scenario:

Werd er goed naar elkaar geluisterd? Ja of nee.

Echt luisteren

Hoe vaak gebruik jij een van de vijf slechte luisterstijlen in plaats van echt te luisteren naar de ander? Hoor je wel wat hij of zij probeert te zeggen? 'Gewoonte 5 – Eerst begrijpen, dan begrepen worden' legt uit dat echt luisteren bestaat uit:
- luisteren met je ogen, je hart en je oren;
- in de schoenen van de ander gaan staan;
- reflecteren (in je eigen woorden herhalen wat de andere persoon zegt en voelt).

Gebruik deze technieken alleen als het over een belangrijk of gevoelig onderwerp praat. Als je deze technieken gebruikt in terloopse gesprekken of gesprekken over koetjes en kalfjes, kunnen mensen wel eens denken dat je raar bent of onoprecht.

Echt of slecht luisteren herkennen
1. Lees de paragraaf 'Echt luisteren' op pagina 181-186 van *Zeven eigenschappen die jou succesvol maken!*
2. Lees de volgende vier scenario's en beantwoord de bijbehorende vragen.

Scenario 1

Ellie liet zich op haar bed vallen en staarde naar het plafond. Maren, haar zus, keek op van haar boek en vroeg: 'Zware dag gehad?'
'Zoiets', was alles wat Ellie zei voordat ze zich weer terugtrok in stilzwijgen.
Maren wachtte een tijdje voordat ze vroeg: 'Wil je erover praten?'
'Nee.'
'Oké.' Maren ging weer verder met haar boek.

Ellie bleef op bed liggen en zei niets. Nu en dan slaakte ze een zucht waarin afschuw doorklonk. 'Jongens zijn ook zo stom, weet je', gooide ze er uiteindelijk uit.
'Ja, dat zijn ze zeker', stemde Maren in terwijl ze haar boek weglegde.
'Ik weet ook niet meer waarom ik eigenlijk nog moeite doe. Weet je wat Rick vandaag tegen me zei?'
'Wat dan?' vroeg Maren.

Is dit een voorbeeld van echt luisteren of slecht luisteren? Waarom?

Als dit een voorbeeld van slecht luisteren is, hoe kun je het scenario dan veranderen om er een voorbeeld van echt luisteren van te maken?

Scenario 2

Kim nam de telefoon op: 'Met Kim.'
'Hoi, met Maria.' Het was haar vriendin Maria. 'Ik moet even met je praten.'
'Wat is er aan de hand?'
'Weet je nog, die jurk die we in het winkelcentrum gezien hebben? Die blauwe met spaghettibandjes en blote rug?' vroeg Maria.
'Ja, ik geloof het wel. Was dat in dezelfde winkel als waar ik dat sexy roze jurkje heb gepast? Ik had het toch moeten kopen. Mike zou het geweldig vinden. Zullen we naar het winkelcentrum gaan?
'Eh, nu niet', antwoordde Maria. 'Maar die blauwe jurk dus, die was laatst afgeprijsd...'
'Afgeprijsd!' riep Kim uit. 'Nou, dan moeten we er zeker vandaag heen. Misschien is dat roze jurkje ook wel afgeprijsd.'
'Ik kan vandaag niet, ik heb dansles', antwoordde Maria geërgerd.
'Oh, kom op. Je kunt die les hiervoor toch wel laten schieten? Ik bedoel, je wilt die jurk toch hebben? We moeten vandaag echt naar het winkelcentrum. Je mag die jurk echt niet laten hangen, hij stond je geweldig.'
'Ik ben blij dat je dat denkt, want mijn moeder...'
Biep.

'Hé, heb je even? Ik heb een wisselgesprek.'
Toen Kim haar wegdrukte, kon Maria eindelijk zeggen: 'Want mijn moeder heeft de jurk voor me gekocht als een verrassing.' En toen hing ze op.

Is dit een voorbeeld van echt luisteren of slecht luisteren? Waarom?

Als dit een voorbeeld van slecht luisteren is, hoe kun je het scenario dan veranderen om er een voorbeeld van echt luisteren van te maken?

Scenario 3

Christian keek de gang in. Hij was nieuw op school en wist niet waar het lokaal voor de volgende les was. De bel ging en Christian wist dat hij te laat voor de les zou zijn, waar die ook was.
'Hé, jij daar', riep een mannenstem. 'Ben je verdwaald of ben je aan het spijbelen?'
Christian draaide zich om om te zien waar de stem vandaan kwam en zag een jongen van zijn leeftijd staan. 'Verdwaald, helaas', antwoordde Christian. 'Deze school is veel groter dan mijn oude school.'
'Je vindt dit dus een grote school en je voelt je hier verloren.'
Christian keek hem beduusd aan. 'Het is een grote school en ik ben echt verdwaald. Weet je waar lokaal 319 is?'
'Je voelt je verward en alleen.'
Wat is dit voor een weirdo? dacht Christian. 'Ik raak in de war van jou omdat je mijn gevoelens probeert te analyseren. Ik moet in lokaal 319 zijn voor Engels en ik weet niet waar het is. Dus als jij weet waar het is, zou ik het fijn vinden als je me dat vertelde. Zo niet, dan vind ik het zelf wel.'
De jongen keek hem vragend aan en zei toen: 'Ik kan zien dat je gefrustreerd bent.'
'Nou ja!' verzuchtte Christian en hij liep weg.

Is dit een voorbeeld van echt luisteren of slecht luisteren? Waarom?

Als dit een voorbeeld van slecht luisteren is, hoe kun je het scenario dan veranderen om er een voorbeeld van echt luisteren van te maken?

Scenario 4

Sylvano's zusje Kerry begon hem op de zenuwen te werken. Ze liep hem altijd achterna en kwam erbij zitten als zijn vrienden na school bij hem langskwamen. Nadat ze bijna de hele middag haar voetbalprijzen aan zijn vrienden had geshowd en geprobeerd had hen over te halen om met haar te gaan skaten, had hij er genoeg van.
'Kerry, waarom kun je mij en mijn vrienden niet gewoon met rust laten? Zie je dan niet dat we jou er niet bij willen hebben?'
Kerry keek naar hem op en hij kon in haar ogen zien dat ze gekwetst was. 'Jullie willen mij er niet bij hebben?'
'Nee', antwoordde Sylvano en hij keek de andere kant op.
Met trillende stem zei Kerry: 'Oké, sorry. Ik vind jullie gewoon cool, het was niet de bedoeling jullie lastig te vallen.'
Ze vindt me cool, dacht Sylvano met een mengeling van schuldgevoel en trots. Dus daarom hangt ze altijd om me heen. Het moet vreemd zijn voor haar dat ik altijd bij mijn vrienden ben en haar niet zo vaak meer zie.
'Kerry, het spijt me. Ik had niet zo tegen je moeten uitvallen. Ik wil graag nu en dan in mijn eentje tijd doorbrengen met mijn vrienden, maar wij kunnen deze week wel samen iets doen, alleen jij en ik.'
'Meen je dat?' vroeg Kerry met een glimlach. 'Dat zou ik hartstikke leuk vinden.'

Is dit een voorbeeld van echt luisteren of slecht luisteren? Waarom?

Als dit een voorbeeld van slecht luisteren is, hoe kun je het scenario dan veranderen om er een voorbeeld van echt luisteren van te maken?

Echt luisteren: Luister met je ogen, je hart en je oren

'Gewoonte 5 – Eerst begrijpen, dan begrepen worden' leert je dat als je wilt begrijpen wat andere mensen echt zeggen, je moet luisteren naar wat ze niet zeggen. Hoe kun je iets horen dat niet gezegd wordt?

Probeer te luisteren met je ogen, hart en oren. Besteed niet alleen aandacht aan de woorden die mensen zeggen, maar kijk ook naar hun lichaamstaal, hoor de toon in hun stem en probeer te begrijpen hoe ze zich voelen.

Meer horen dan alleen woorden

Lees het gedeelte 'Om te beginnen, luister met je ogen, je hart en je oren' in de paragraaf 'Echt luisteren' op pagina 181-182 van *Zeven eigenschappen die jou succesvol maken!*

Let thuis, in het winkelcentrum of in de kantine op school op de lichaamstaal van mensen. Beschrijf de verschillende soorten lichaamstaal en wat ze volgens jou betekenen.

Soort lichaamstaal	Betekenis

Echt luisteren: Ga in de schoenen van de ander staan

'Gewoonte 5 – Eerst begrijpen, dan begrepen worden' leert je dat als je iemand anders wilt begrijpen, je moet proberen de dingen vanuit zijn of haar perspectief te bekijken. Wees bereid in andermans schoenen te gaan staan om de dingen vanuit een ander standpunt te zien.

Een diagnose stellen voor een ouder

1. Lees het gedeelte 'Ten tweede, ga in de schoenen van de ander staan' in de paragraaf 'Echt luisteren' op pagina 182-183 van *Zeven eigenschappen die jou succesvol maken!*

2. Stel dat je een verslaggever van de lokale omroep bent.
3. Houd een interview met een ouder of leraar en stel daarin de volgende vragen. Maak tijdens het interview aantekeningen en schrijf de antwoorden van de persoon in de daarvoor bestemde ruimte op.

Naam van ouder of leraar: . . . .

1. Als u/je één ding voor uzelf/jezelf zou kunnen kopen en het geld geen probleem was, wat zou dat dan zijn en waarom?

2. Als u/je één ding aan uzelf/jezelf zou kunnen veranderen, wat zou dat dan zijn?

3. Wat is uw/je favoriete film en waarom?

4. Wat is uw/je dierbaarste herinnering?

5. Waarvoor bent u/ben je het bangst?

6. Van wat wordt u/word je altijd gelukkig?

Gewoonte 5

7. Welke beslissing zou u/je veranderen als u/je een tweede kans zou krijgen?

8. Wanneer was de laatste keer dat u/je zo hard gelachen hebt dat het pijn deed?

Echt luisteren: Reflecteer – kaats de bal terug

Heb je wel eens met iemand gepraat die wel antwoordde maar waarvan jij wist dat hij of zij niet echt naar je luisterde?

In 'Gewoonte 5 – Eerst begrijpen, dan begrepen worden' leer je dat echt luisteren betekent dat je reageert op een manier waardoor de spreker zich begrepen voelt. Deze vorm van reageren wordt reflecteren genoemd. Reflecteren is in je eigen woorden herhalen wat de andere persoon zegt. Als je gebruikmaakt van reflecteren maar anderen niet echt wilt begrijpen, zullen ze je doorzien en  het gevoel krijgen dat je hen manipuleert. Reflecteren is een vaardigheid, het puntje van de ijsberg. Jouw houding of wens om iemand anders echt te begrijpen is het grote stuk ijs onder het wateroppervlak.

Beslissen wanneer je gebruikmaakt van reflecteren

Lees het gedeelte 'Ten derde, reflecteer – kaats de bal terug' in de paragraaf 'Echt luisteren' op pagina 183-185 van *Zeven eigenschappen die jou succesvol maken!*

Als iemand de volgende dingen tegen je zou zeggen, met welke zinsneden om te reflecteren zou je dan kunnen reageren? Schrijf je antwoorden hieronder op.

'Dit is het slechtste opstel dat ik ooit gelezen heb!'
Zinsnede om te reflecteren:

'Je moet om 1 2 uur vanavond thuis zijn.'
Zinsnede om te reflecteren:

'Ik ken dat nieuwe meisje niet zo goed.'
Zinsnede om te reflecteren:

'Ik word helemaal gek van mijn ouders de laatste tijd.'
Zinsnede om te reflecteren:

'De lunch was erg lekker vandaag.'
Zinsnede om te reflecteren:

'Ik heb geen zin om naar mijn werk te gaan.'
Zinsnede om te reflecteren:

Praten met je ouders

Je hebt vast wel eens tegen je ouders gezegd: 'Je begrijpt me niet!' Maar heb je er wel eens over nagedacht dat jij hen misschien wel niet begrijpt? 'Gewoonte 5 – Eerst begrijpen, dan begrepen worden' wijst erop dat je ouders ook problemen en zorgen hebben, net als jij. Zij hebben ook dagen dat ze beledigd worden, dat ze huilen en dat mensen hen uitlachen. Zij vra-

gen zich ook af of ze er wel bij horen en of ze hun doelen zullen bereiken, net als jij.

Wanneer je de tijd neemt je ouders te begrijpen en naar ze te luisteren, zul je meer respect voor ze krijgen en zullen zij je meer vertrouwen en beter naar je luisteren.

Een manier om beter met je ouders te communiceren is om stortingen te doen op hun relatiebankrekening. Je kunt stortingen doen en de relatie verbeteren of opnamen doen en de relatie verslechteren. Jullie relatie is sterk en gezond als je regelmatig stortingen doet over een lange periode. Zorg ervoor dat je weet wat een storting is in de ogen van de persoon wiens relatiebankrekening je probeert te verbeteren.

Het eens worden over stortingen en opnamen

1. Lees de paragraaf 'Praten met je ouders' op pagina 186-188 van *Zeven eigenschappen die jou succesvol maken!*
2. Probeer je alles te herinneren wat je gisteren voor je vader of moeder of een familielid gedaan hebt. Noteer de dingen die je vader of moeder of het familielid als een storting of opname beschouwt.

Stortingen	
Ouder	Familielid

Opnamen	
Ouder	Familielid

Begrepen worden

De eerste helft van gewoonte 5 is veel werk en daarom vergeten veel mensen de tweede helft van gewoonte 5: 'dan begrepen worden'. Om iemand anders eerst te begrijpen is het nodig dat je begrip toont. Om vervolgens begrepen te worden heb je moed nodig. Alleen de eerste helft van deze gewoonte beoefenen is verliezen-winnen en verliezen-winnen is niet gezond. Niet-geuite gevoelens zullen nooit verdwijnen. Ze worden levend begraven en komen later op een lelijke manier weer naar buiten. Dat klinkt eng, of niet? Dus voor welke dingen ben je nog meer bang?

Als je honderd mensen vraagt wat hun grootste angsten zijn, staat spreken in het openbaar op de eerste plaats en de dood op de tweede plaats. Is dat niet interessant? Mensen gaan liever dood dan dat ze spreken in het openbaar. Geldt dat ook voor jou?

Feedback geven

Feedback geven aan iemand die met je praat is een belangrijk onderdeel van proberen begrepen te worden. Als het op de juiste manier gebeurt, kan het een storting zijn op jouw persoonlijke bankrekening en op de relatiebankrekening van de ander.

Is er op dit moment een situatie in je leven waarin je feedback moet geven maar dat niet durft? Wat is die situatie? En om wie gaat het?

Noem drie mogelijke manieren om feedback te geven zodat het niet zo eng is voor jou en niet bedreigend voor de andere persoon.

Persoon: . . . .

1. . . . .

2. . . . .

3. . . . .

Oefen alle mogelijke manieren waarop je iemand feedback kunt geven. Als een ervan geloofwaardig en oprecht lijkt, probeer het dan eens.

Babystapjes

Kies een of twee babystapjes die je kunt doen. Vertel iemand anders over je ervaringen of schrijf je ervaringen en dat wat je geleerd hebt hier op.

1. Probeer uit hoe lang je oogcontact kunt houden met iemand die tegen je praat.

2. Ga naar het winkelcentrum, zoek een zitplaats en kijk hoe mensen met elkaar communiceren. Let goed op hun lichaamstaal.

3. Probeer tijdens je interacties vandaag één persoon te reflecteren en één persoon te imiteren, gewoon voor de grap. Vergelijk de resultaten.

4. Vraag jezelf af: 'Met welke van de vijf slechte luisterstijlen heb ik het grootste probleem – wegdromen, doen alsof, selectief luisteren, alleen naar de woorden luisteren of egocentrisch luisteren (oordelen, adviseren, bemoeien). Probeer deze stijl nu één dag niet te gebruiken.

   De slechte luisterstijl waarmee ik de meeste problemen heb: . . . .

   . . . .

5. Vraag in de loop van deze week je vader en moeder hoe het met ze gaat. Open je hart en oefen echt luisteren. Je zult je verbazen over wat je te weten komt.

6. Als je veel praat, breng dan eens een dag door met alleen luisteren. Praat alleen als het moet.

7. Wanneer je weer eens de neiging hebt je gevoelens weg te drukken, doe dat dan niet. Geef in plaats daarvan op een verantwoorde manier uiting aan je gevoelens.

8. Bedenk een situatie waarin jouw constructieve feedback echt nuttig is voor iemand anders. Geef die feedback op het juiste moment.

   Persoon die echt nut kan hebben van mijn feedback: . . . .

   . . . .

Babystapjes

Wat heb ik geleerd?

Welke babystapjes heb ik geprobeerd en wat heb ik ervan geleerd?

Gewoonte

6

Synergie

De verheven weg

Synergie is overal

> Alleen krijgen we zo
> weinig gedaan; samen
> zo veel.
> HELEN KELLER

Synergie ontstaat wanneer twee of meer mensen samenwerken om een betere oplossing te bereiken dan een van die personen alleen zou kunnen vinden. Het is niet jouw of mijn manier, maar een betere, hogere manier. Synergie is niets nieuws, het is overal.

In de volgende lijst is aangegeven wat synergie is en wat niet:

Synergie is:	Synergie is niet:
Beloften nakomen	Beloften verbreken
Blij zijn dat we verschillend zijn	Verschillen slechts tolereren
In teams werken	Alleen werken
Onbevooroordeeld zijn	Denken dat jij altijd gelijk hebt
Buiten je vaste kaders denken	Altijd binnen de lijnen blijven
Met een derde alternatief komen	Compromissen sluiten
Brainstormen	Volhouden dat maar één antwoord het juiste is

Laten we eens kijken naar synergie bij mensen. Hoeveel mensen zijn er denk je nodig om een auto te bouwen? Zou één persoon dat in zijn eentje kunnen doen? Nee, het vereist creatieve samenwerking om auto's te ontwerpen, bouwen en verkopen. Mensen werken samen en passen hun unieke kennis toe. Dankzij de verschillen tussen hen ontstaan er ideeën en kan het bedrijf innovatieve oplossingen creëren.

Synergie observeren

Lees de paragraaf 'Synergie is overal' op pagina 193 van *Zeven eigenschappen die jou succesvol maken!*

Plekken waar ik synergie om me heen zie, zijn: (Geef voor elke categorie voorbeelden van synergie.)

De natuur:

School:

Familie:

Mijn buurt:

Werk:

Open staan voor verschillen

Verschillend zijn, het is een lastig onderwerp voor tieners. Toen ik een tiener was,
probeerde ik niet op te vallen en niet anders
te zijn. Zonder verschillen zou het leven echter vreselijk saai zijn. Als iedereen net zo zou denken als jij, er net zo uit zou zien en zich net zo zou gedra-
gen als jij, zou je wel eens genoeg van jezelf kunnen krijgen.
Wanneer je het woord verschillend hoort, denk je meestal aan andere rassen
en het andere geslacht. Maar er zijn zo veel meer verschillen, zoals verschillen in uiterlijk, kleding, taalgebruik, rijkdom, familie, godsdienst, levensstijl, opleiding, hobby's, vaardigheden, leeftijd, stijl enzovoort enzovoort.

Gewoonte 6

'Gewoonte 6 – Synergie' leert je dat omdat verschillen onvermijdelijk zijn, je er op drie manieren mee om kunt gaan:
Niveau 1: verschillen mijden
Niveau 2: verschillen tolereren (verdragen)
Niveau 3: open staan voor verschillen
Wanneer je open staat voor verschillen, wil je met anderen samenwerken om je doelen te bereiken.

Omgaan met verschillen
Lees de paragraaf 'Open staan voor verschillen' op pagina 193-195 van *Zeven eigenschappen die jou succesvol maken!*

De dingen die ik kan doen om in elke categorie open te staan voor verschillen, zijn:

Ras:

Geslacht:

Godsdienst:

Leeftijd:

Kleding:

Lichaamsbouw:

Talenten/handicaps:

Verschillende standpunten respecteren

'Gewoonte 6 – Synergie' definieert synergie als mensen die samenwerken om meer te bereiken ($1 + 1 = 3$). Het is veel gemakkelijker om met anderen samen te werken als je de verschillen tussen hen waardeert. Wanneer je eenmaal beseft dat iedereen de wereld anders ziet en dat iedereen gelijk kan hebben, zul je meer begrip en respect krijgen voor andere standpunten.

Je karaktertrekken rangschikken

Evalueer je stijlen, karaktertrekken en eigenschappen door de tabel op de volgende pagina in te vullen. Bekijk de vier termen in elke rij en geef ze een cijfer van 1 tot 4, waarbij je de 4 zet achter het woord dat jou het best omschrijft. (Zie de legenda.) Nadat je de tabel hebt ingevuld, vraag je een vriend of familielid de tabel voor zichzelf in te vullen. Tel daarna de cijfers in elke kolom bij elkaar op.

> Ik klaagde eens tegen mijn vader dat ik niet in staat leek dingen op dezelfde manier te doen als andere mensen. Zijn advies? 'Margo, wees geen schaap. Mensen hebben een hekel aan schapen. Ze eten schapen.'
> MARGO KAUFMAN

Gewoonte 6

Legenda

4: Omschrijft jou het best (je bent precies zo)

3: Omschrijft jou voor een groot deel (je bent ongeveer zo)

2: Omschrijft jou nauwelijks (je bent niet echt zo)

1: Omschrijft jou het minst (je bent helemaal niet zo)

Voorbeeld:

Fantasierijk	2	Onderzoekend	4	Realistisch	1	Analytisch	3

Kolom 1		Kolom 2		Kolom 3		Kolom 4	
Fantasierijk		Onderzoekend		Realistisch		Analytisch	
Buigzaam		Nieuwsgierig		Geordend		Kritisch	
Verbanden leggend		Creatief		Terzake komend		Discussiërend	
Persoonlijk		Avontuurlijk		Praktisch		Academisch	
Flexibel		Inventief		Nauwkeurig		Systematisch	
Delend		Onafhankelijk		Ordelijk		Verstandig	
Samenwerkend		Concurrerend		Perfectionistisch		Logisch	
Gevoelig		Risico's nemend		Hardwerkend		Intellectueel	
Sociaal		Problemen oplossend		Planner		Lezer	
Associëren		Scheppen		Onthouden		Redeneren	
Spontaan		Brengt verandering teweeg		Op zoek naar richting		Oordeelt	
Communiceert		Ontdekt		Behoedzaam		Beredeneert	
Zorgt		Trekt in twijfel		Oefent		Onderzoekt	
Voelt		Ervaart		Doet		Denkt	

Kolom 1	Kolom 2	Kolom 3	Kolom 4
Druiven	**Sinaasappels**	**Bananen**	**Meloenen**

Fantasierijk	2	Onderzoekend	4	Realistisch	I	Analytisch	3

Kolom I		Kolom 2		Kolom 3		Kolom 4	
Fantasierijk		Onderzoekend		Realistisch		Analytisch	
Buigzaam		Nieuwsgierig		Geordend		Kritisch	
Verbanden leggend		Creatief		Terzake komend		Discussiërend	
Persoonlijk		Avontuurlijk		Praktisch		Academisch	
Flexibel		Inventief		Nauwkeurig		Systematisch	
Delend		Onafhankelijk		Ordelijk		Verstandig	
Samenwerkend		Concurrerend		Perfectionistisch		Logisch	
Gevoelig		Risico's nemend		Hardwerkend		Intellectueel	
Sociaal		Problemen oplossend		Planner		Lezer	
Associëren		Scheppen		Onthouden		Redeneren	
Spontaan		Brengt verandering teweeg		Op zoek naar richting		Oordeelt	
Communiceert		Ontdekt		Behoedzaam		Beredeneert	
Zorgt		Trekt in twijfel		Oefent		Onderzoekt	
Voelt		Ervaart		Doet		Denkt	

☐ Kolom I **Druiven**   ☐ Kolom 2 **Sinaasappels**   ☐ Kolom 3 **Bananen**   ☐ Kolom 4 **Meloenen**

Gewoonte 6

Nadat jullie de tabellen hebben ingevuld en de cijfers in de kolommen bij elkaar opgeteld, lees je de pagina's 196-199 van *Zeven eigenschappen die jou succesvol maken!* Bepaal welk soort fruit jullie beiden zijn. Denk daarna na over hoe je de verschillen tussen jullie kunt uitbuiten en meer synergetisch met elkaar kunt samenwerken.

> Gegroet. Het doet me deugd te zien dat we verschillend zijn. Dat we samen groter mogen worden dan de som van ons beiden.
> MR. SPOCK

We zijn allemaal een minderheid van één

Omdat ieder mens uniek is, ben je in feite een minderheid van één. Er is niemand die er net zo uitziet als jij, net zo praat of zelfs maar hetzelfde denkt als jij. 'Gewoonte 6 – Synergie' herinnert je eraan dat het bij diversiteit niet alleen gaat om externe verschillen, maar ook om interne verschillen. Je leert anders, je ziet anders en je hebt andere stijlen, karaktertrekken en eigenschappen. Jouw brein werkt niet hetzelfde als dat van je zus of je vriend. Dr. Thomas Anderson heeft zeven verschillende soorten intelligentie geïdentificeerd en beweert dat kinderen vermoedelijk het best leren via hun dominante intelligentie:

- Linguïstisch: leren via lezen, schrijven, verhalen vertellen.
- Logisch-mathematisch: leren via logica, patronen, categorieën, relaties.
- Lichamelijk-kinetisch: leren via lichamelijke gevoelens, aanraken.
- Ruimtelijk: leren via afbeeldingen en foto's.
- Muzikaal: leren via geluid en ritme.
- Interpersoonlijk: leren via interactie en communicatie met anderen.
- Intrapersoonlijk: leren via je eigen gevoelens.

Het ene type intelligentie is niet beter dan het andere, alleen anders. Synergie houdt in dat je de voordelen van de verschillen leert inzien.

Typen intelligentie en natuurlijke aanleg

Lees de paragraaf 'We zijn allemaal een minderheid van één' op pagina 195-199 van *Zeven eigenschappen die jou succesvol maken!*

Van de hiervoor genoemde typen intelligentie is dit type bij mij dominant:

Andere dominante vormen van intelligentie die ik toepas, zijn: (Beschrijf ook wanneer en waar.)

(Kijk nog eens naar de tabel op pagina 170 die je hebt ingevuld en naar pagina 196-199 van *Zeven eigenschappen die jou succesvol maken!*) Het fruit waar ik het meest op lijk, is:

(Lees wat de natuurlijke aanleg is van elk soort fruit op pagina 198-199 van *Zeven eigenschappen die jou succesvol maken!*) De lijst met betrekking tot natuurlijke aanleg van mijn fruit beschrijft mij behoorlijk goed. Waar of niet waar?

Van de punten in de lijst vind ik dat mijn sterkste natuurlijke aanleg is:

Een situatie waarin die natuurlijke aanleg goed van pas kwam, is: (Beschrijf de situatie.)

Oog hebben voor verschillen

Weet je wat het betekent om een minderheid van één te zijn? Er is niemand anders die tot deze minderheid behoort, zelfs niet als ze op jou lijken of dezelfde achtergrond hebben als jij. Zelfs als je de helft van een eeneiige tweeling bent, ben je nog steeds een minderheid van één. Wanneer je verder kijkt dan de buitenkant, zul je verbazingwekkende verschillen vinden die iedereen uniek maken.

De kleinste minderheid op aarde is het individu.
AYN RAND

Je verschillen ontdekken

Lees de paragraaf 'We zijn allemaal een minderheid van één' op pagina 195-199 van *Zeven eigenschappen die jou succesvol maken!*

Vul de volgende zinnen aan om te ontdekken wat er zo geweldig en uniek aan jou is!

1. De bijnaam die mijn vrienden of familie me hebben gegeven, is:

   . . . .

2. Mijn woonplaats is:

   . . . .

3. Als ik een dag helemaal voor mezelf heb, ga ik graag:

   . . . .

4. De film waarom ik het hardst gelachen heb, is:

   . . . .

5. Hoeveel kussens gebruik ik 's nachts?

   . . . .

6. Een woord dat of een uitdrukking die ik heel vaak gebruik, is:

   . . . .

7. Mijn favoriete zanger, zangeres of band is:

   . . . .

8. Mijn lievelingsijs is:

   . . . .

9. Het tijdstip waarop ik doorgaans naar bed ga, is:

   . . . .

10. Een eigenschap die mij uniek maakt, is:

    . . . .

11. Mijn beste vriend/vriendin zou zeggen dat mijn beste eigenschap is:

    . . . .

12. Mijn beste vak op school is:

    . . . .

13. Mijn slechtste vak op school is:

    . . . .

14. Het dier dat het meest op mij lijkt is: (Waarom?)

    . . . .

15. Als ik me een auto kon veroorloven, zou dat zijn:

. . . .

16. Mijn beste eigenschap is:

. . . .

17. Voel ik me meer op mijn gemak in een grote groep mensen of als ik alleen ben?

. . . .

18. Iets wat mensen niet over me weten, is:

. . . .

19. Als ik zit te dagdromen, denk ik aan:

. . . .

20. De mooiste herinnering die te maken heeft met mijn familie, is:

. . . .

21. Zou ik een dag in een museum met kunst leuk of saai vinden?

. . . .

22. Een plaats in eigen land die ik graag nog eens wil bezoeken, is: (Waarom?)

. . . .

23. Een land waar ik graag naartoe zou willen, is: (Waarom?)

. . . .

24. De beste vakantie ooit was:

. . . .

25. De ergste vakantie ooit was:

. . . .

26. Als ik een willekeurig gebouw ter wereld zou kunnen zijn, zou dat zijn: (Waarom?)

. . . .

27. Ik lig 's nachts wakker van:

. . . .

28. Iets wat ik leuk vond om te doen als kind, is:

. . . .

29. Mijn favoriete sport om naar te kijken, is:

. . . .

30. Mijn lievelingsboek is:

. . . .

31. Het jaargetijde waar ik het meest van houd, is:

. . . .

32. Mijn favoriete feestdag is:

. . . .

33. De onnozelste persoon die ik ken, is:

. . . .

34. Waar ben ik liever, binnenshuis of in de buitenlucht?

. . . .

35. Het mooiste cadeau dat ik zou kunnen krijgen, is:

. . . .

Open staan voor je eigen verschillen

Jezelf vergelijken met anderen is gemakkelijk. Jij ziet andere mensen immers meer dan je jezelf ziet. Maar wanneer je jezelf vergelijkt met een ander, zie je niet de schoonheid van je eigen unieke persoon.
'Gewoonte 6 – Synergie' leert je dat je in plaats van te proberen in de groep te passen en te zijn als alle anderen, trots moet zijn op en blij moet zijn met je unieke verschillen en kwaliteiten. Een fruitsalade is juist lekker omdat elk soort fruit zijn eigen smaak behoudt.

Je eigen unieke kwaliteiten waarderen

Lees de paragraaf 'Open staan voor je eigen verschillen' op pagina 199-200 van *Zeven eigenschappen die jou succesvol maken!*

De soorten fruit die ik in mijn fruitsalade wil doen, zijn:

De soorten fruit die ik eruit wil laten, zijn:

De volgende keer dat ik mezelf vergelijk met iemand anders en vind dat ik tekortschiet, zal ik mijn eigen unieke kwaliteiten waarderen door te denken aan deze sterke eigenschap van mezelf:

In plaats van te proberen in de groep te passen en te zijn als alle anderen, zal ik trots zijn op en blij zijn met mijn unieke verschillen en kwaliteiten door:

Obstakels bij het open staan voor verschillen

Er zijn allerlei obstakels bij het open staan voor verschillen, maar de drie grootste zijn:

- Onwetendheid: niet weten wat andere mensen denken, wat ze geloven of hoe ze zich voelen.
- Clubjes: willen horen bij de mensen waarbij je je op je gemak voelt. Daar is niets mis mee, maar het wordt een probleem als die groep exclusief wordt en anderen buitensluit.
- Vooroordelen: mensen niet eerlijk behandelen, waaronder denken in stereotypen, mensen een etiket opplakken of vooroordelen hebben omdat zij anders zijn dan jij.

> Angst maakt vreemden van mensen die je vrienden zouden moeten zijn.
> SHIRLEY MACLAINE

Deze obstakels zijn het tegenovergestelde van open staan voor verschillen en belemmeren daardoor het ontstaan van synergie.

Obstakels

Een voorbeeld van een keer dat ik te lijden had onder iemands onwetendheid of zag dat iemand anders te lijden had vanwege diezelfde reden, is:

Een voorbeeld van een keer dat ik buiten een clubje stond of zag dat iemand anders buiten een clubje stond, is:

Iets dat ik kan doen om te voorkomen dat ik anderen behandel op basis van vooroordelen, is:

Ik heb misschien wel voordelen over:

Eén ding dat ik kan doen om dit vooroordeel te overwinnen, is:

Opkomen voor verschillen

Hoe zou de wereld eruitzien als er nooit iemand opkwam voor verschillen? In plaats van vol kleur zou de wereld waarschijnlijk meer zwart-wit zijn. Het zou een erg onvriendelijke en onontwikkelde plek zijn waar niemand zijn of haar verschillen zou willen delen. Het ontbreken van verschillen zou erg monotoon worden.

'Gewoonte 6 – Synergie' legt uit dat de wereld gelukkig vol mensen is die verschillen belangrijk vinden. Deze mensen staan open voor verschillen en zijn bereid op te komen voor diversiteit. De kennis en het begrip die voortkomen uit verschillende meningen en verschillen in ras, cultuur en levensstijl zijn van onschatbare waarde.

Je kunt er echter niet van uitgaan dat anderen wel opkomen voor verschillen. Je moet bereid zijn om er zelf voor op te komen.

Ontdekken hoe je kunt opkomen voor verschillen

Opkomen voor verschillen is belangrijk voor mij. Waar of niet waar? (Waarom?)

Een situatie waarin ik ben opgekomen (of had kunnen opkomen) voor verschillen, is:

Verschillen zorgen voor de uitdagingen in het leven die de deur tot ontdekkingen openen.
Amerikaanse gebarentaal voor 'WIJ ZIJN VERSCHILLEND'

Wat gebeurde er?

Observeer een dag lang de mensen om je heen, de tv-programma's en films die je kijkt en de boeken die je leest. Houd hieronder een 'Opkomen voor verschillen'-logboek bij.

Soort verschil	Hoe iemand opkwam voor verschillen

Gewoonte 6

Ik was verbaasd hoeveel voorbeelden van opkomen voor verschillen ik vond. Waar of niet waar? Had je meer of minder voorbeelden verwacht?

Ik kan mijn angsten omtrent het opkomen voor verschillen overwinnen door: (Beschrijf je gedachten hierover of wat je kunt doen.)

Geef voor de volgende beweringen aan of ze waar of niet waar zijn. Denk voordat je een keuze maakt na over specifieke voorbeelden uit je leven.

Waar	Niet waar	
		Ik eis perfectie van mezelf en van iedereen om me heen.
		Ik ben verbaasd als anderen mij niet mogen of mijn ideeën niet goed vinden
		Ik heb niet veel vrienden die ik echt aardig vind of echt vertrouw.
		Ik word moe van al die 'politieke correctheid'. Ik hoef niet iedereen aardig te vinden.
		Ik trek me niets aan van wat andere mensen van mij vinden.
		Ik houd niet van verandering.
		Ik werk beter alleen dan in groepen.
		Ik ben over het algemeen vaker negatief dan positief.
		Ik ben bang dat mensen erachter komen dat ik niet ben zoals ik overkom

Als de meeste beweringen waar zijn, is het tijd om het leven en de handelingen van anderen te gaan begrijpen. Wees je bewust van wat iedereen kan bijdragen. Als de meeste beweringen niet waar zijn, ben je tevreden met jezelf en je relatie tot allerlei soorten mensen. Je weet dat je door te leren van anderen vooruitkomt in het leven.

Op zoek naar de verheven weg

'Gewoonte 6 – Synergie' legt uit dat wanneer je eenmaal aan het idee gewend bent dat verschillen een sterk en niet een zwak punt zijn en je gemotiveerd bent om in ieder geval te proberen open te staan voor verschillen, je op zoek kunt gaan naar de verheven weg: synergie. Het is niet jouw weg of mijn weg, maar een betere weg: een verheven weg.

De stichters van de Verenigde Staten vonden de verheven weg toen ze de regeringsstructuur opzetten. William Paterson kwam met het New Jersey-plan, waarin de kleinere staten werden voorgetrokken. James Madison kwam met het Virginia-plan, waarin de grotere staten werden voorgetrokken. Het resultaat? In het Connecticut-compromis, vaak het grote compromis genoemd, werd het congres in twee delen opgesplitst, het huis van afgevaardigden en de senaat, zodat zowel de kleine als de grote staten tevreden waren. Het grote compromis zou eigenlijk de grote synergie moeten heten, want deze beslissing is beter gebleken dan de beide oorspronkelijke voorstellen.

Zoeken naar iets verheveners

Lees de paragraaf 'Op zoek naar de verheven weg' op pagina 203-205 van *Zeven eigenschappen die jou succesvol maken!* Synergie is meer dan alleen een compromis of samenwerken; het is een derde alternatief vinden dat ervoor zorgt dat alle betrokkenen het eindresultaat goed vinden.

Een situatie waarin ik alleen maar een compromis sloot met iemand, was:

Ik was niet blij met het resultaat. Waar of niet waar?

We hadden een verhevener weg kunnen vinden door:

Een situatie waarin ik een verheven weg vond met iemand, was:

Toen ik de verheven weg had gevonden, voelde ik me:

De andere persoon voelde zich denk ik:

Tot synergie komen

Als je met je ouders een discussie hebt over afspraakjes en op tijd thuis zijn, als je met je vrienden een schoolactiviteit wilt plannen of als je het met iemand gewoon niet eens bent, kun je tot synergie komen.
In 'Gewoonte 6 – Synergie' leer je dat je met behulp van een eenvoudig proces in vijf stappen tot synergie kunt komen.

Het actieplan 'Tot synergie komen' gebruiken
Lees de paragraaf 'Tot synergie komen' op pagina 205-210 van *Zeven eigenschappen die jou succesvol maken!*

Tot synergie komen
Actieplan

1. Omschrijving van het probleem of de kans

2. Hun manier
    (Proberen eerst de ideeën van anderen te begrijpen)

3. Mijn manier
    (Proberen begrepen te worden door je eigen ideeën te vertellen)

4. Brainstormen
    (Nieuwe opties en ideeën ontwikkelen)

5. De verheven weg
    (De beste oplossing kiezen)

Noem één relatie die je wilt verbeteren. Gebruik het actieplan om jullie meningsverschillen op te lossen en/of tot synergie te komen.

Eén relatie die ik graag zou willen verbeteren, is:

Het probleem of de kans is:

Om te proberen eerst de ideeën van de andere persoon te begrijpen, kan ik het volgende doen:

Om te proberen begrepen te worden door mijn eigen ideeën te vertellen, kan ik het volgende doen:

Nieuwe opties en ideeën die ik zou kunnen overwegen, zijn:

> Een muis vertrouwt niet op slechts één holletje.
> PLAUTUS

De beste oplossing die we gevonden hebben, is:

Samenwerking en synergie

Het mooie nevenproduct van samenwerking en synergie is dat je er relaties mee opbouwt. De olympische basketbalster Deborah Miller Palmore zei hierover het volgende: 'Zelfs als je de wedstrijd van je leven hebt gespeeld, herinner je je het gevoel van samenwerking. Je vergeet het overspelen van de bal, de kansen op het doel en de scores, maar je vergeet nooit je teamgenoten.'
Sommige mensen zijn beter in het komen tot synergie dan anderen. Ze vinden het fijn om anderen te ondersteunen en aan te moedigen om tot een beter resultaat te komen dan ze in hun eentje hadden kunnen bereiken. Tot synergie komen is een talent dat iedereen kan ontwikkelen! Telkens wanneer je met mensen samenwerkt om een beter resultaat te behalen, ontstaat er synergie.

Beslissen op wie je kunt rekenen

Lees de paragraaf 'Samenwerking en synergie' op pagina 210-211 van *Zeven eigenschappen die jou succesvol maken!*

Schrijf de namen op van vrienden, docenten, familieleden of anderen op wie de onderstaande omschrijvingen het meest van toepassing zijn.

Ik kan erop rekenen dat . . . . me met mijn huiswerk helpt.

Ik kan erop rekenen dat . . . . een goede maaltijd voor me maakt die mijn dag goedmaakt.

Ik kan erop rekenen dat . . . . me helpt een activiteit of feestje te organiseren.

Ik kan erop rekenen dat . . . . weet wat mijn diepste gevoelens zijn en mij daarmee helpt.

Ik kan erop rekenen dat . . . . een geheim bewaart.

Ik kan erop rekenen dat . . . . met de beste muziek komt voor een dansfeest.

Ik kan erop rekenen dat . . . . me helpt de tuin op te ruimen of het huis schoon te maken.

Ik kan erop rekenen dat . . . . met me gaat voetballen.

Ik kan erop rekenen dat . . . . met me gaat winkelen en me op goede ideeën brengt.

Ik kan erop rekenen dat . . . . me helpt met wiskunde.

Ik kan erop rekenen dat . . . . me helpt te beslissen welke vervolgopleiding ik ga doen.

Ik kan erop rekenen dat . . . . me helpt als ik vragen heb over levensbeschouwing of godsdienst.

Ik kan erop rekenen dat . . . . altijd van me zal houden en zal steunen.

Anderen kunnen op deze gebieden op mijn synergie rekenen:

Babystapjes

Kies een of twee babystapjes die je kunt doen. Vertel iemand anders over je ervaringen of schrijf je ervaringen en dat wat je geleerd hebt hier op.

1. Wanneer je een klasgenoot of buur met een handicap ontmoet, heb dan geen medelijden met hem of haar en ga hem of haar ook niet uit de weg omdat je niet weet wat je moet zeggen. Probeer in plaats daarvan die persoon eens beter te leren kennen.

2. Probeer de volgende keer als je een conflict hebt met een van je ouders het actieplan om tot synergie te komen.
   1-Omschrijf het probleem.
   2-Luister naar je ouders.
   3-Geef je eigen mening.
   4-Brainstorm.
   5-Zoek de beste oplossing.

3. Vertel een persoonlijk probleem aan een volwassene die je vertrouwt. Kijk of de uitwisseling van meningen leidt tot nieuwe inzichten en ideeën over je probleem.

4. Kijk deze week goed rond om te zien hoeveel synergie er om je heen plaatsvindt, zoals twee mensen die elkaar helpen, samenwerking, symbiotische relaties in de natuur en creatieve oplossing van problemen.

5. Denk aan iemand die je irriteert. Wat is er zo anders aan hem of haar? Wat kun je van die persoon leren?

6. Brainstorm met je vrienden en verzin iets leuks, nieuws en anders om dit weekend te gaan doen, in plaats van steeds weer hetzelfde te doen.

7. Geef aan in hoeverre je open staat voor verschillen in elk van de volgende categorieën. Ben je iemand die verschillen vermijdt, tolereert of open staat voor verschillen?

	Vermijden	Tolereren	Open staan
Ras			
Geslacht			
Religie			
Leeftijd			
Kleding			

Wat kun je doen om in elke categorie open te staan voor verschillen?

Babystapjes

Wat heb ik geleerd?

Welke babystapjes heb ik geprobeerd en wat heb ik ervan geleerd?

Gewoonte

Houd de zaag scherp

Nu ben ik aan de beurt

Inleiding

> **Je moet het dak repareren wanneer de zon schijnt.**
> JOHN F. KENNEDY,
> VOORMALIG PRESIDENT
> VAN AMERIKA

'Gewoonte 7 – Houd de zaag scherp' betreft het op een evenwichtige manier vernieuwen van alle vier belangrijke aspecten van je leven: het fysieke, mentale, emotionele en spirituele aspect. Wanneer je deze vier belangrijke aspecten van je leven vernieuwt, zorg je voor groei en verandering in je leven. Je zult dan meer kunnen presteren en beter om kunnen gaan met uitdagingen waar je voor komt te staan. Als je jezelf niet vernieuwt, beperk je je groei of maak je die zelfs ongedaan en beperk of verminder je je vermogen om te presteren en om met uitdagingen om te gaan.

Misschien denk je: ik heb geen tijd om de zaag scherp te houden. Hoe kun je door de zaag scherp te houden je vermogen om iets te doen verbeteren? Denk hier maar eens over na:

- De tijd die het kost om een boom om te zagen met een botte zaag: dertig minuten.
- De tijd die het kost om de zaag scherp te maken: vijf minuten.
- De tijd die het kost om de boom om te zagen met een scherpe zaag: tien minuten.

Inderdaad, je hebt jezelf een kwartier tijd bespaard! Je hebt nog nooit een boom omgezaagd? Hoe is dit dan op jou van toepassing?

- De tijd tot je deadline en tot je doodmoe bent: vijf uur.
- De tijd die je nodig hebt om de zaag scherp te maken, je weer te concentreren en je er weer klaar voor te voelen om verder te gaan: een half uur.
- De tijd die het kost om je project af te maken wanneer je weer helemaal fris bent: drie uur.

Je hebt jezelf net anderhalf uur bespaard. Zo is het dus op jou van toepassing.

Beoordelen hoe je jezelf vernieuwt

1. Lees de inleiding van 'Gewoonte 7 – Houd de zaag scherp' op pagina 216 van *Zeven eigenschappen die jou succesvol maken!*
2. Beoordeel jezelf op de volgende punten.

N = Nooit S = Soms A = Altijd

Ik eet gezond en probeer zo weinig mogelijk ongezonde kost te eten.

N	S	A

Ik doe regelmatig aan lichaamsbeweging.

N	S	A

Ik krijg voldoende nachtrust.

N	S	A

Ik schenk voldoende aandacht aan mijn persoonlijke verzorging.	N S A	
Ik neem de tijd om me te ontspannen.	N S A	

Ik lees regelmatig een goed boek, een tijdschrift of de
krant of ik kijk of luister naar het nieuws. **N S A**

Ik speel of luister naar goede muziek. **N S A**

Ik schrijf of teken. **N S A**

Ik ga naar culturele evenementen, kijk naar verheffende films
of kijk naar educatieve televisieprogramma's. **N S A**

Ik leer nieuwe vaardigheden en ontwikkel mijn talenten. **N S A**

Ik lach minstens één keer per dag hardop. **N S A**

Ik doe stortingen op mijn relatiebankrekening. **N S A**

Ik doe stortingen op mijn persoonlijke bankrekening. **N S A**

Ik maak gebruik van mijn talenten. **N S A**

Ik ga nieuwe relaties aan. **N S A**

Ik bid of mediteer regelmatig. **N S A**

Ik houd een dagboek bij. **N S A**

Ik lees poëzie of andere inspirerende literatuur. **N S A**

Ik denk na over mijn beslissingen en over situaties in
mijn leven. **N S A**

Ik geniet van de natuur door te wandelen, naar het landschap
te kijken of te kijken naar de ondergaande zon. **N S A**

3. Doe de beoordeling over vier weken nog eens. Vul je antwoorden in met
een andere kleur pen. Vergelijk je antwoorden met die van de eerste
beoordeling.

De verschillen tussen de twee beoordelingen zijn:

Evenwicht is beter

'Gewoonte 7 – Houd de zaag scherp' heeft alles te maken met het scherp houden van je persoonlijkheid, zodat je beter tegen het leven opgewassen bent.
Wanneer je topprestaties wilt leveren, moet je naar evenwicht tussen alle vier
de aspecten streven. Evenwicht is belangrijk omdat je prestaties op het gebied
van het ene aspect van het leven invloed hebben op de andere drie aspecten.
Denk maar eens na. Als een van je autobanden zacht is, zullen alle vier de ban-
den ongelijkmatig slijten, niet alleen die ene band. Het is moeilijk vriendelijk te zijn (hart) wanneer je uitgeput bent (lichaam). Het werkt ook anders-

> Mensen die geen tijd hebben voor ontspanning, zullen vroeg of laat tijd moeten maken voor ziekte.
>
> JOHN WANAMAKER

om. Wanneer je gemotiveerd bent en lekker in je vel zit (ziel), kun je je beter op je studie concentreren (geest) en ben je vriendelijker (hart).

Je evenwicht bewaren

1. Lees de paragraaf 'Evenwicht is beter' op pagina 217 van *Zeven eigenschappen die jou succesvol maken!*
2. Vul in de onderstaande tabel voor elk aspect drie manieren in waarop je jezelf vernieuwt.

Aspect	Hoe ik mezelf vernieuw
Lichaam	
Geest	
Hart	
Ziel	

3. Bedenk nieuwe manieren om jezelf te vernieuwen.

Aspect	Hoe ik mezelf kan vernieuwen
Lichaam	
Geest	
Hart	
Ziel	

WAT WAS IK TOEN EEN OEN, ZEG!

DAGBOEK

Neem de tijd voor een time-out

'Gewoonte 7 – Houd de zaag scherp' leert je dat je net als een auto regelmatig een grote beurt en een olieverversing nodig hebt. Je hebt tijd nodig om je te vernieuwen en uit te rusten. Je hebt tijd nodig om te ontspannen en de boel even lekker de boel te laten, tijd om jezelf te verwennen. Daar gaat het om bij 'houd de zaag scherp'.

Manieren om je te ontspannen

Lees de paragraaf 'Neem de tijd voor een time-out' op pagina 217 van *Zeven eigenschappen die jou succesvol maken!*

> Iedereen is een huis met vier kamers: fysiek, mentaal, emotioneel, spiritueel. Tenzij we iedere dag alle kamers binnengaan, al is het maar om die te luchten, zijn we geen compleet mens.
> RUMER GODDEN

Tien dingen die ik kan doen om een time-out te nemen zijn:

1. ....

2. ....

3. ....

4. ....

5. ....

6. ....

7. ....

8. ....

> Binnenin je vind je een rust en een toevluchtsoord waar je je op elk moment kunt terugtrekken en jezelf kunt zijn.
> HERMAN HESSE

9. ....

....

10. ....

....

Manieren waarop ik anderen zich de afgelopen maand heb zien ontspannen, zijn:

Zorgen voor je lichaam

In je tienerjaren verandert je stem, gieren de hormonen door je lichaam en verschijnen overal spieren die er eerst niet waren. Welkom in je nieuwe lichaam!
'Gewoonte 7 – Houd de zaag scherp' legt uit dat dit steeds veranderende lichaam van je eigenlijk een goed geoliede machine is. Je kunt er zorgvuldig of ruw mee omgaan. Je kunt deze machine onder controle houden of hem de controle laten overnemen. Om kort te gaan: je lichaam is een gereedschap en als je dat goed onderhoudt, zul je er jaren plezier van hebben.

Je fysieke vernieuwing beoordelen

Lees de paragraaf 'Zorgen voor je lichaam' op pagina 2 1 8-2 2 5 van *Zeven eigenschappen die jou succesvol maken!*

Evalueer je fysieke gezondheid door de dingen die je regelmatig doet aan te kruisen.
- ☐ Ik ben goed geïnformeerd op het gebied van gezondheid en conditie.
- ☐ Ik doe minstens drie keer per week twintig tot dertig minuten aan beweging.
- ☐ Ik ben me er zeer bewust van dat ik fruit, groente, vitamines en mineralen nodig heb.
- ☐ Ik doe aan krachttraining.
- ☐ Tijdens mijn fitnessoefeningen doe ik cardio-oefeningen en oefeningen om leniger te worden.
- ☐ Ik krijg voldoende nachtrust.
- ☐ Wanneer mijn lichaam daarom vraagt, rust ik uit of ontspan ik me.
- ☐ Ik eet minder dan twee keer per week ongezonde kost of fastfood.
- ☐ Ik ga op een effectieve en positieve manier om met stress.

Voor mij betekenen gezondheid en vernieuwing:

> Je lichaam zal je eren
> met gezondheid als jij
> het eert met
> bewustzijn.
> ANONIEM

Een activiteit die ik andere mensen heb zien doen en die ik graag eens zou proberen, is:

Ik wil meer weten over voeding. Waar of niet waar? Ik ben vooral geïnteresseerd in:

Ik wil meer weten over hoe je een goede conditie krijgt. Waar of niet waar?
Ik ben vooral geïnteresseerd in:

Om een gezond lichaam te krijgen moet je misschien een stap verder gaan dan wat gezondheid en een goede conditie volgens jou inhouden. Als het je niet goed lukt om zo gezond mogelijk te leven, kijk dan nog eens naar de voorgaande checklist. Zou een van de niet-aangekruiste dingen een goed startpunt zijn?

Je bent wat je eet

'Gewoonte 7 – Houd de zaag scherp' betekent onder meer dat je om je gezondheid denkt. Zonder je gezondheid ben je nergens. Voor topprestaties heb je dus de juiste brandstof nodig.
Wat eet je?
Om extreme eetgewoonten te voorkomen kun je de voedselpiramide als richtlijn gebruiken. De voedselpiramide biedt een uitgebalanceerd en gematigd voedingspatroon. Hierin wordt het eten van meer volkorenproducten, fruit, groente en magere zuivelproducten gestimuleerd en het eten van fast-

Gewoonte 7

food, ongezonde kost en snacks afgeraden. Deze zitten namelijk vaak vol vet, suiker en zout.

Het spreekwoord 'alles met mate' is van toepassing op eten en op andere aspecten van het leven.

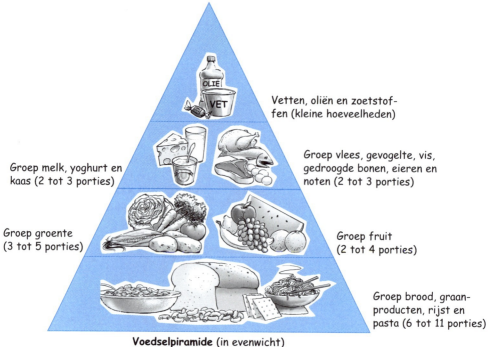

Vetten, oliën en zoetstof-fen (kleine hoeveelheden)

Groep melk, yoghurt en kaas (2 tot 3 porties)

Groep vlees, gevogelte, vis, gedroogde bonen, eieren en noten (2 tot 3 porties)

Groep groente (3 tot 5 porties)

Groep fruit (2 tot 4 porties)

Groep brood, graan-producten, rijst en pasta (6 tot 11 porties)

Voedselpiramide (in evenwicht)

Bijhouden wat je eet

Luister naar je lichaam – let op hoe verschillende soorten voedsel invloed hebben op hoe je je voelt. Beslis op basis daarvan wat je wel en niet moet doen. Sommige mensen slapen bijvoorbeeld niet goed als zij voordat ze naar bed gaan een uitgebreide maaltijd eten en voelen zich de volgende morgen beroerd. Houd hieronder een week lang bij wat je eet.

Zo . . . .

Ma . . . .

Di . . . .

Wo . . . .

Do . . . .

Vr . . . .

Za . . . .

Zie je een verband tussen wat je hebt gegeten en hoe je je voelde?

(Beantwoord deze vraag aan het eind van de week.) Ik was verbaasd dat ik zo goed of zo slecht eet. Waar of niet waar? (Beschrijf wat je ervan vindt.) Punten waarop ik mijn eetpatroon kan verbeteren, zijn:

Hoeveel lichaamsbeweging je krijgt, kan ook invloed hebben op hoe je je voelt. Houd hieronder een week lang bij hoeveel minuten per dag je aan beweging doet.

	Minuten	Activiteit
Zo		
Ma		
Di		
Wo		
Do		
Vr		
Za		

Het gaat om je gevoelens, niet om je uiterlijk

Zorg er bij je streven naar een betere lichamelijke conditie wel voor dat je jezelf niet op je uiterlijk blind staart. Je weet vast wel dat in onze maatschappij alles draait om 'uiterlijk'. Kijk maar eens naar de perfecte mensen op de kaft van een willekeurig tijdschrift. Je vindt zeker wel dat je tekortschiet vanwege al je fysieke onvolkomenheden, nietwaar?
Vergeet voordat je jezelf met de mannen en vrouwen voor op de *Cosmopolitan* en andere tijdschriften gaat vergelijken en voordat je een hekel aan je lichaam en uiterlijk begint te krijgen, niet dat er duizenden gezonde en geluk-

kige tieners zijn die geen hoge jukbeenderen of stalen spieren hebben. Veel succesvolle zangers, talkshowpresentatoren, dansers, sporters, acteurs en actrices hebben allerlei fysieke onvolkomenheden, maar worden toch bewonderd en hebben toch succes.

Het belangrijkste is dat je je fysiek goed voelt – niet zozeer dat je er fysiek goed uitziet.

Geweldige persoonlijkheden

Als je alles gelooft wat je in tijdschriften ziet, denk je misschien dat je dun, mooi, slank en gespierd moet zijn om bewonderd te worden of populair te zijn. Niets van waar! Blader maar eens wat tijdschriften door en knip foto's uit van drie beroemdheden die eruitzien als 'doorsneemensen' en die lichamelijk gezond zijn.

> Vergeet de supermodellen. Als meer mensen er zo uit konden zien als zij, zouden ze niet 'supermodel' genoemd worden.
> SANDY WEINSTEIN

Plak de foto's op de volgende pagina.

Bekijk de volgende lijst met beroemde mensen maar eens om een idee te krijgen van wat ik bedoel. Deze mensen worden bewonderd en zijn populair en succesvol omdat ze talent hebben, een innemende persoonlijkheid hebben, grappig zijn of op een bijzondere manier mooi zijn:

- John Goodman (door het Amerikaanse tijdschrift *People* uitgeroepen tot een van de meest sexy mannen);
- Harrison Ford (populair omdat hij beschouwd wordt als een gewoon uitziende doorsneeman);
- Bruce Willis en Woody Harrelson (allebei kalend);
- Janeane Garofalo (een Amerikaanse actrice die populair is vanwege haar persoonlijkheid en humor).

Kies één persoon uit de foto's die je op de vorige pagina geplakt hebt. Wie is het en wat is de eigenschap die hem of haar populair maakt?

Hoe zie ik mezelf?

Zijn deze gevoelens gezond of ongezond? Waarom?

Als ze ongezond zijn, hoe kan ik dan het beeld dat ik van mezelf heb, veranderen?

Vermijd destructieve verslavingen

Net zoals er manieren zijn om voor je lichaam te zorgen, zijn er ook manieren om je lichaam kapot te maken. Bijvoorbeeld door verslavende middelen als alcohol, drugs en tabak te gebruiken. Alcohol wordt bijvoorbeeld vaak geassocieerd met de drie belangrijkste doodsoorzaken bij tieners: auto-ongelukken, zelfmoord en moord. En dan is er roken. Roken is een belangrijke oorzaak van longkanker en ziekten aan de luchtwegen. Bovendien ga je er minder goed door zien, wordt je huid voortijdig oud, worden je tanden geel, krijg je drie keer zo snel gaatjes in je tanden, gaat je tandvlees zich terugtrekken en verkleurt je huid.

Het ergste van verslaafd raken is misschien wel dat je jezelf niet langer onder controle hebt – je verslaving heeft jou onder controle. Je denkt misschien dat verslaving iets is wat anderen overkomt en dat jij gemakkelijk kunt stoppen. Slechts 25 procent van de tieners die roken en proberen te stoppen, houdt het echter vol.

De destructieve verslavingen waar ik van af wil, zijn:

Voor hulp ga ik naar: (Zie pagina 263 van *Zeven eigenschappen die jou succesvol maken!* voor informatie over hulpinstanties.)

Je kennis over alcohol testen

Laten we eens kijken hoeveel je weet over alcohol en de gevaren ervan. Geef voor de volgende beweringen aan of ze goed of fout zijn. Controleer je antwoorden nadat je de test gedaan hebt.

1. ☐ Goed ☐ Fout   De meeste tieners drinken alcohol.

2. ☐ Goed ☐ Fout   Bier en wijn zijn 'veiliger' dan sterke drank.

3. ☐ Goed ☐ Fout   Zolang je zelf niet drinkt, is het niet erg als je in het gezelschap bent van mensen die wel drinken.

4. ☐ Goed ☐ Fout   Je kunt geen overdosis aan alcohol nemen.

5. ☐ Goed ☐ Fout   Alcohol brengt schade toe aan je lichaam.

6. ☐ Goed ☐ Fout   Alcohol beschadigt je hersens.

7. ☐ Goed ☐ Fout   Door alcohol te drinken word je aantrekkelijker.

8. ☐ Goed ☐ Fout   Je kunt niet nee zeggen tegen alcohol en toch erbij horen.

9. ☐ Goed ☐ Fout   Alcohol drinken doe je in het weekend; het heeft geen invloed op je leerprestaties.

Gewoonte 7

10. ☐ Goed ☐ Fout   Het is verboden alcohol te kopen als je jonger bent dan 16 jaar.

11. ☐ Goed ☐ Fout   Alle tieners gaan op een gegeven moment drinken.

12. ☐ Goed ☐ Fout   Het maakt niet uit of je alcohol drinkt in combinatie met drugs of medicijnen.

Antwoorden

1. Fout. De meeste tieners drinken niet.
2. Fout. In één glas bier zit net zo veel alcohol als in een glas wijn of een borrel.
3. Fout. Als je in het gezelschap bent van mensen die alcohol drinken, loop je meer risico dat je ernstig gewond raakt, betrokken raakt bij een auto-ongeluk of met geweld te maken krijgt.
4. Fout. Als je grote hoeveelheden alcohol drinkt, kun je in coma raken of zelfs doodgaan.
5. Goed. Alcohol kan alle organen in je lichaam beschadigen. Het komt direct in je bloed terecht en kan het risico op verschillende ernstige ziekten verhogen.
6. Goed. Wanneer je alcohol drinkt, gaan je hersens en je centraal zenuwstelsel trager werken, wordt je coördinatie gebrekkig, je inschattingsvermogen slechter, je reactievermogen trager en je zicht slechter, krijg je last van kortstondig geheugenverlies en zelfs black-outs.
7. Fout. Door alcohol kun je dikker worden en een slechte adem krijgen.
8. Fout. Vergeet niet dat je in goed gezelschap verkeert, want de meeste tieners drinken geen alcohol. Ook is het niet zo moeilijk om te weigeren als je misschien denkt. Probeer het maar eens: 'Nee, dank je', 'Ik drink niet' of 'Ik hou niet van alcohol'.
9. Fout. Middelbare scholieren die alcohol drinken of andere verslavende middelen gebruiken, maken vijf keer meer kans om voortijdig van school te gaan als andere scholieren en zijn vijf keer meer geneigd om te denken dat goede cijfers halen niet belangrijk is.
10. Goed.
11. Fout. Hoewel alcoholgebruik door minderjarigen een ernstig probleem is, heeft bijvoorbeeld in Amerika 84 procent van de mensen tussen 12 en 17 ervoor gekozen de afgelopen maand niet te drinken.
12. Fout. De combinatie alcohol en medicijnen of drugs is erg gevaarlijk en kan dodelijk zijn.

Informatie van het U.S. Department of Health and Human Services (Amerikaanse ministerie van Volksgezondheid).

Zorgen voor je geest

Met het mentale aspect van 'Gewoonte 7 – Houd de zaag scherp' wordt de ontwikkeling van je geest bedoeld, via je opleiding, buitenschoolse activiteiten, hobby's, werk en andere activiteiten om je geest te ontwikkelen. Een geschoolde geest is veel meer dan een diploma aan de muur, hoewel dat er een belangrijk onderdeel van is. Een geschoolde geest is net zoiets als een goede ballet-danseres. Een balletdanseres heeft de perfecte controle over haar spieren. Haar lichaam buigt, draait en springt precies zoals zij het wil. Zo kan een geschoolde geest zich concentreren, dingen combineren, schrijven, spreken, schep-

pen, analyseren, ontdekken, fantaseren en nog veel meer. Dit kan je geest ech-ter alleen als die daarin is getraind. Het gebeurt niet zomaar.
Vandaag de dag kom je in grote problemen als je je geest niet scherp houdt. Er zijn talloze manieren om je geest te ontwikkelen – ook via fictie, kunst, educatieve tv, puzzels en spelletjes kun je jezelf mentaal ontwikkelen.

Je intelligentie beoordelen

1. Lees de paragraaf 'Zorgen voor je geest' op pagina 225-237 van *Zeven eigen-schappen die jou succesvol maken!*
2. Beoordeel jezelf op de volgende punten.

N = Nooit S = Soms A = Altijd

Ik lees elke dag de krant. | N S A

Ik houd een dagboek of een soort logboek bij of schrijf met regelmatige intervallen. | N S A

Ik reis graag om andere culturen te leren kennen of historisch interessante plekken te bekijken. | N S A

Ik kijk graag naar zenders als Discovery Channel, National Geographic of Animal Planet. | N S A

Ik luister of kijk dagelijks naar het nieuws op radio, tv of internet. | N S A

Ik maak tijd vrij om in alle rust mijn hoofd leeg te maken, me te ontspannen en over dingen na te denken. `N S A`

Ik heb me verdiept in de stamboom van mijn familie. `N S A`

Ik heb een gedicht, liedje of verhaal geschreven. `N S A`

Ik speel uitdagende kaart- of bordspelen. `N S A`

Ik ben lid geweest van de debatclub. `N S A`

Ik bezoek musea. `N S A`

Ik ga naar culturele evenementen zoals toneelstukken, balletvoorstellingen, opera of klassieke concerten. `N S A`

Ik bespeel een muziekinstrument. `N S A`

Ik doe graag kruiswoordpuzzels. `N S A`

Ik heb diepgaande en stimulerende gesprekken met vrienden. `N S A`

Ik gebruik internet om informatie op te zoeken voor school. `N S A`

Ik kan goed werken met een computer. `N S A`

Ik kan op basis van een recept een lekkere maaltijd koken. `N S A`

Ik weet wel iets over het onderhoud van auto's. `N S A`

Ik ben lid van de bibliotheek. `N S A`

Ik doe mijn huiswerk altijd goed. `N S A`

Ik heb plannen gemaakt voor mijn vervolgopleiding. `N S A`

Ik leer op school een vreemde taal. `N S A`

Ik lees boeken voor mijn plezier. `N S A`

3. Geef jezelf drie punten voor elk kruisje in de kolom 'Altijd', twee punten voor 'Soms' en één punt voor 'Nooit'.
   55 punten en meer: je bent een slimmerik!
   41-55 punten: je hersens hebben behoorlijk wat te doen.
   Minder dan 40 punten: je moet meer aandacht besteden aan je mentale ontwikkeling.

> Haal je hersens eruit en spring erop – ze raken helemaal aangekoekt.
> MARK TWAIN

4. Doe de beoordeling over drie maanden nog eens. Vul je antwoorden in met een andere kleur pen. Vergelijk je antwoorden met die van de eerste beoordeling.

De verschillen tussen de twee beoordelingen zijn:

> Blijf leren over de wereld. Gebruik je verstand ten volle. Het leven gaat snel voorbij en tegen het eind wint het aan snelheid als een tientonner die bergafwaarts rijdt. Hoe meer je weet, hoe meer je jezelf en anderen verrijkt.
> SUSAN TROTT

Ontwikkeling van je geest

Er zijn talloze manieren om je geest te ontwikkelen, maar de gemakkelijkste en snelste methode is toch wel lezen. Lezen is de basis voor de rest van je geestelijke ontwikkeling. Lees je al, dan hier nog een paar manieren om je geest te ontwikkelen.

- Lees elke dag de krant (een regionale krant, een gratis krant als *Spits* en *Metro* of een landelijk dagblad).
- Ga naar school, houd je aandacht bij de lessen en maak aantekeningen.
- Kijk naar educatieve tv-programma's.
- Verdiep je in de plaatselijke politiek of word er actief in.

Scherp blijven
Ik houd mijn geest scherp door:

Deze week heb ik dingen geleerd die ik nog niet wist, namelijk:

Gewoonte 7

Mijn lievelingsboek is:

Het laatste boek dat ik aan iemand voorgelezen heb, was: (En wanneer was dat?)

Weet je nog wat je in het hoofdstuk 'Paradigma's en principes' geleerd hebt over wanneer school te veel het centrum van je leven wordt? Denk daaraan wanneer je probeert je geest te ontwikkelen. Alhoewel het natuurlijk ook weer niet de bedoeling is dat je voortijdig van school gaat! Cijfers zijn belangrijk voor je toekomstige vervolgopleiding. Maar school biedt ook andere kansen om iets te leren, het gaat niet alleen om cijfers.

Maak je niet te veel zorgen over je vakkenpakket op school of over wat je wilt gaan studeren. Als je gewoon leert je hersens te gebruiken, kun je uit talloze carrière- en opleidingsmogelijkheden kiezen.

Beroepen die mij wel interessant lijken, zijn:

Wat ik nu doe om te beslissen of dat echt is wat ik wil gaan doen, is:

Zorgen voor je hart

Heb jij ooit het gevoel dat je in een emotionele achtbaan zit? Dat je de ene dag vrolijk bent en de andere dag somber? Je hart is erg temperamentvol. En je moet het continu voeden en verzorgen, net als je lichaam.

'Gewoonte 7 – Houd de zaag scherp' leert je dat de beste manier om je hart te voeden is je te concentreren op het ontwikkelen van relaties – zowel met jezelf als met anderen. Na verloop van tijd versterken positieve gevoelens elkaar. Wanneer je op die manier tegen het leven aankijkt, zul je versteld staan hoeveel geluk je aan anderen kunt geven en voor jezelf kunt vinden.

Een goede relatie ontstaat niet vanzelf, je moet er wel moeite voor doen. Iedere relatie is immers te vergelijken met een bankrekening. De kwaliteit van de relatie is afhankelijk van de stortingen die je doet.

Een relatie sterker maken

Sterke relaties onderhouden met andere mensen is een wezenlijk onderdeel van zorgen voor je hart. Maar zoals je in het hoofdstuk 'Paradigma's en principes' geleerd hebt over wanneer je vrienden te veel het centrum van je leven worden, is de kans dat je in een emotionele achtbaan terechtkomt groter als je door je vrienden laat bepalen wat jij over jezelf denkt.

> Het belangrijkste ingrediënt dat we in een relatie stoppen is niet wat we zeggen of wat we doen, maar wie we zijn.
> STEPHEN R. COVEY

De relatie in mijn leven die ik wil verbeteren, is:

Gewoonte 7

De voordelen van anderen opbouwen in plaats van af te breken, zijn:

Kruis de beweringen aan die op jou van toepassing zijn:

- ☐ Ik ben betrouwbaar.
- ☐ Ik heb een optimistische kijk op het leven.
- ☐ Ik bied mensen die dicht bij mij staan, vertrouwen en steun.
- ☐ Ik luister naar anderen en hoor wat zij te zeggen hebben in plaats van dat ik alweer denk over wat ik zelf wil zeggen.
- ☐ Ik probeer met anderen in contact te komen.
- ☐ Ik investeer in de relaties met de belangrijkste mensen in mijn leven.
- ☐ Ik bied oprecht mijn excuses aan wanneer dat nodig is.
- ☐ Ik sleep me door 'moeilijke tijden' heen.
- ☐ Ik weet wat het betekent om goed voor mezelf te zorgen.
- ☐ Ik reageer niet impulsief. Ik kan mezelf kalmeren in plaats van meteen te reageren op mensen en situaties.

Als je moeite hebt met 'zorgen voor je hart', kijk dan nog eens naar de bovenstaande checklist. Zou een van de niet-aangekruiste items een goed startpunt kunnen zijn?

Seks en relaties

'Gewoonte 7 – Houd de zaag scherp' stimuleert je voor je hart te zorgen door intieme relaties te ontwikkelen. Een van de intiemste relaties die je kunt hebben is die met je vriend of vriendin. In zo'n relatie moeten veel tieners op een gegeven moment een beslissing nemen over intimiteit.

Seks heeft niet alleen te maken met je lichaam. Het heeft ook te maken met je hart. Hoe je met seks omgaat, kan meer invloed hebben op je zelfbeeld en je relaties met anderen dan al je andere beslissingen. Kijk voordat je besluit seks te hebben of seks te blijven hebben, in je hart en denk goed na.

Nadenken over of je er klaar voor bent

Weet je zeker dat je eraan toe bent? Weet je het heel zeker? Seksueel over-draagbare aandoeningen, ongeplande zwangerschappen en emotionele twij-fels zijn allemaal goede redenen om te wachten. Lees voordat je te ver gaat eerst deze lijst eens goed door en kruis de beweringen aan die op jou van toe-passing zijn.

Je bent nog niet klaar voor seks als:

- [ ] je denkt dat seks hetzelfde is als liefde.
- [ ] je je onder druk gezet voelt.
- [ ] je bang bent om nee te zeggen.
- [ ] je het gemakkelijker vindt om toe te geven.
- [ ] je denkt dat iedereen het al doet. (Dat is niet waar.)
- [ ] je instinct je zegt te wachten.
- [ ] je niets weet over zwangerschap.
- [ ] je niet weet hoe voorbehoedsmiddelen werken.
- [ ] het tegen je morele opvattingen ingaat.
- [ ] je denkt dat een vrouw de eerste keer niet zwanger kan raken. (Dat kan wel.)
- [ ] het tegen je religieuze opvattingen ingaat.
- [ ] je er morgen spijt van zult hebben.
- [ ] je je opgelaten voelt of je schaamt.
- [ ] je het doet om iets te bewijzen.
- [ ] je geen kind kunt onderhouden.
- [ ] je jezelf niet kunt onderhouden.
- [ ] je denkt dat een verplichting hetzelfde is als drie dragen een dvd huren.
- [ ] je vindt dat seks voor het huwelijk fout is.
- [ ] je niet weet hoe je jezelf kunt beschermen tegen hiv – het virus dat aids veroorzaakt.
- [ ] je niet op de hoogte bent van de signalen en symptomen van seksueel over-draagbare infecties (soa's).
- [ ] je denkt dat je vriend(in) erdoor van je zal gaan houden.
- [ ] je denkt dat je erdoor van je vriend(in) zult gaan houden.
- [ ] je denkt dat jullie daardoor bij elkaar zullen blijven.
- [ ] je hoopt dat het je leven zal veranderen.
- [ ] je niet wilt dat het je leven zal veranderen.
- [ ] je nog niet wilt dat de relatie verandert.
- [ ] je dronken bent.
- [ ] je wilde dat je dronken was.
- [ ] je vriend(in) dronken is.
- [ ] je verwacht dat het perfect zal zijn.
- [ ] je het verschrikkelijk zult vinden als het niet perfect is.

- ☐ je niet samen kunt lachen om onhandige ellebogen en lastige kleren.
- ☐ je je kleren niet wilt uittrekken.
- ☐ je denkt dat alleen andere mensen hiv en aids kunnen krijgen.
- ☐ je denkt dat je aan mensen kunt zien of ze met hiv zijn besmet.
- ☐ je denkt dat tieners geen hiv kunnen krijgen. (Dat kunnen ze wel.)
- ☐ je niet weet dat geen seks de enige 100% bescherming is tegen seksueel overdraagbare infecties en zwangerschap.
- ☐ je niet over de dag erna hebt gepraat.
- ☐ je niet aan de dag erna wilt denken.
- ☐ je het verschrikkelijk vindt als je ouders erachter kwamen.
- ☐ je het doet om je ouders erachter te laten komen.
- ☐ je te bang bent om er goed over na te denken.
- ☐ je denkt dat je er populairder door wordt.
- ☐ je denkt dat je het je vriend(in) 'verschuldigd bent'.
- ☐ je denkt dat het niet goed is om maagd te zijn.
- ☐ je alleen aan jezelf denkt.
- ☐ je niet aan jezelf denkt.
- ☐ je niet kunt wachten om het iedereen te vertellen.
- ☐ je hoopt dat niemand het te weten komt.
- ☐ je eigenlijk wilde dat jullie er nooit over begonnen waren.
- ☐ Het is oké om te wachten.

Uit You're not ready to have sex if… *Copyright 1996 Journeyworks Publishing, Santa Cruz, Californië. Herdrukt met toestemming.*

Iets wat ik over mezelf geleerd heb dankzij de checklist, is: (Omschrijf waarom dat zinvol was.)

Als ik de verkeerde beslissing over seks neem, kan dat invloed hebben op mijn toekomst en mijn relaties omdat:

Mijn beslissing over seks zal op deze manieren invloed hebben op hoe ik mijzelf zie en op mijn relaties met anderen:

Test hoe vastberaden je vriend of vriendin is. Als hij of zij je onder druk zet om seks te hebben, vraag hem of haar dan wat er gebeurt als je weigert. Als je partner zegt: 'Dan maak ik het uit', dan is het waarschijnlijk een goed idee om een einde te maken aan de relatie.

Je zult je er doorheen slaan

Soms komt er in je leven zo veel op je af dat je het gevoel hebt dat je gek wordt. Als je je depressief, ontmoedigd of overdonderd voelt, probeer dan eens deze tips om je beter te voelen.

- Meer zuurstof. Door geconcentreerd adem te halen kun je je fysieke reacties op stress onder controle krijgen. Duw je tong achter je tanden tegen je gehemelte, adem diep in door je neus en vul je longen met lucht totdat je buik vooruit gaat steken. Adem dan langzaam uit door je neus of mond. Doe dit minstens drie keer. Hierdoor zul je ontspannen en kalmeren.
- Relativeren. Stel jezelf de vraag of het je over een maand of een jaar nog iets zal kunnen schelen. Wanneer je je ergens over opwindt, zorg er dan voor dat het om een goede reden is. Wanneer de reden waarom je in de stress schiet opeens belachelijk lijkt, probeer er dan om te lachen en het te vergeten.
- Je reacties kiezen. Kies de juiste en meest productieve emotie: boosheid, moed, humor, medeleven, verdriet of wat dan ook. Iedere emotie is oké zolang jij jezelf onder controle hebt en de situatie met enige waardigheid aanpakt.

Het is heel normaal om je af en toe somber te voelen. Maar er is een groot verschil tussen een sombere bui en een langdurige depressie.

Als je met zelfmoordplannen rondloopt, houd dan alsjeblieft vol. Je zult je er doorheen slaan. Een depressie is te behandelen. Als de persoon met wie je praat niet hoort wat je zegt, ga dan met iemand praten die je kan helpen. Er zijn mensen die echt om je geven.

Hard vechten tegen een depressie
Ik voel me vaak somber in deze situaties:

Dat gevoel duurt (hoe lang?):

Ik trek mezelf uit de put door: (Beschrijf wat je doet.)

Ik heb iemand waarmee ik kan praten. Waar of niet waar?

Die persoon is:

Hij of zij luistert naar mij door: (Beschrijf hoe hij of zij luistert.)

Ik vind het prettig om met hem of haar te praten omdat:

Lach of je zult huilen

Na alles wat er over je hart is gezegd, is er nog één ding waarmee je je hart gezond en sterk kunt houden. Gewoon door te lachen, hardop en lang te lachen.

Wist je dat kinderen op de kleuterschool driehonderd keer per dag lachen? De meeste volwassenen lachen echter nog maar zeventien keer per dag. Hoe vaak lach jij eigenlijk? Driehonderd keer per dag of zeventien keer?

Lachen heeft ook een positieve invloed op je gezondheid en zorgt ervoor dat je sneller geneest. Het is dus niet alleen goed voor je hart, maar ook voor je lichaam.

Wanneer je niet veel lacht, doe er dan wat aan. Leg een persoonlijke 'humorverzameling' aan – verzamel grappige verhalen, komische films en moppen. Maar denk erom dat wanneer je lacht dat niet op een onaardige manier of niet ten koste van anderen is. Leer om jezelf lachen wanneer er onverwachte of vervelende dingen met je gebeuren of wanneer je iets stoms doet.

Redenen om te lachen

Om deze dingen moet ik altijd lachen:

> Het leven wil graag bij de kraag gegrepen worden en verteld worden: 'Ik hoor bij jou, laten we gaan.'
> MAYA ANGELOU

Gewoonte 7

Mijn drie favoriete komische films zijn:

1. . . . .

2. . . . .

3. . . . .

Mijn favoriete uitspraak in een film waardoor ik altijd in een deuk lig, is:

Mijn favoriete strip uit de krant is:

Mijn favoriete komiek of cabaretier is:

Iets waar ik vandaag om moest lachen was:

Zorgen voor je ziel

Je ziel is je kern, waar je diepste overtuigingen en waarden liggen. In de ziel liggen je doel in het leven, de diepere betekenis van dingen en je innerlijke rust. 'Gewoonte 7 – Houd de zaag scherp' leert je dat als je op spiritueel vlak de zaag scherp wilt houden, je tijd moet nemen om jezelf te vernieuwen en je innerlijke ik wakker te schudden.

Wat zou er gebeuren met iemand die een paar jaar lang alleen maar frisdrank drinkt en chocolade eet? Hoe zou hij of zij er na een tijdje uitzien en hoe zou hij of zij zich dan voelen? Zou het resultaat anders zijn als jij je ziel een paar jaar lang troep zou voeden? Je bent niet alleen wat je eet, je bent ook waar je naar luistert, wat je leest en wat je ziet. Belangrijker dan wat je in je lichaam stopt, is wat je in je ziel stopt.

Je ziel is een zeer persoonlijk stukje van je leven. Er zijn allerlei verschillende manieren om voedsel aan je ziel te geven. Hier volgen een paar ideeën van andere tieners:

- Mediteren
- Naar inspirerende muziek luisteren
- Anderen helpen
- Bidden
- De natuur ingaan

> Lachen is de kortste afstand tussen twee mensen.
> **VICTOR BORGE**

Je ziel voeden met goede dingen

Ik voed mijn ziel door: (Beschrijf wat je doet.)

Enkele nieuwe dingen die ik zou willen gaan doen, zijn:

Gewoonte 7

Voed ik mijn ziel met voedzame dingen of met troep? Voed ik mijn ziel met dingen die ik daar eigenlijk helemaal niet wil? Voorbeelden van zulke dingen zijn:

Jij bepaalt waar je je ziel mee voedt, laat de wereld dat niet voor jou bepalen. De media hebben een lichte en een donkere kant.

De soorten media waaraan ik mijn ziel blootstel, zijn:

Informatie uit de media die een slechte invloed op mijn stemming heeft, is:

Ik denk dat dit komt door:

Je vermogen om voor je ziel te zorgen

Kruis de beweringen aan die op jou van toepassing zijn.

- ☐ Ik heb voor mezelf bepaald wat mijn normen en waarden zijn en wil naar die normen en waarden leven.
- ☐ Ik heb een persoonlijk statuut opgesteld. Ik gebruik het om me een beeld te vormen van de doelen in mijn leven.
- ☐ Ik vernieuw mezelf iedere dag door te mediteren, te bidden, te studeren of na te denken.
- ☐ Ik breng regelmatig tijd door op een plek waar ik mezelf spiritueel kan vernieuwen, zoals in de natuur, een kerk, een synagoge of een moskee.
- ☐ Ik heb integriteit en eergevoel.
- ☐ Ik kom voor mijn mening uit en vertel de waarheid, ook als anderen het niet met mij eens zijn.
- ☐ Ik help regelmatig anderen zonder daar iets voor terug te verwachten.
- ☐ Ik weet welke dingen in mijn leven ik kan veranderen en welke niet. Ik laat de dingen die ik niet kan veranderen, los.

> De ziel is niet in het lichaam gestopt om stil te blijven staan.
> JOHN WEBSTER

Terug naar de natuur

'Gewoonte 7 – Houd de zaag scherp' legt uit dat er iets magisch is aan tijd doorbrengen in de natuur. Zelfs als je in een stad woont, ver uit de buurt van rivieren, bergen of stranden, is er meestal wel een park in de buurt dat je kunt bezoeken. De natuur ingaan is een geweldige manier om je ziel te voeden.

Een afspraakje met de natuur

1. Lees de paragraaf 'Terug naar de natuur' op pagina 245 van *Zeven eigenschappen die jou succesvol maken!*
2. Kies een van deze activiteiten om je te helpen deze week terug te gaan naar de natuur:
   - Plant of zaai bloemen, groente of kruiden.
   - Wied deze week elke dag onkruid in een bloemen- of groentetuin.
   - Maai of besproei het gazon deze week één keer.
   - Ga kijken hoe de zon opkomt en ondergaat en let op het verschil.
   - Kijk op de kalender wanneer de volgende volle maan is en ga die bekijken.
   - Kijk naar de verschillende fasen van de maan en let op hoe de maan er in elke fase uitziet.

Gewoonte 7

- Ga in je buurt wandelen. Let op de soorten bomen die je ziet, de vogels die er rondvliegen, de insecten die er rondkruipen en de bloemen die er groeien.
- Ga naar de dierentuin. Kies twee verschillende dieren om te observeren en bekijk ze elk een kwartier lang. Wat zijn de verschillen tussen de twee dieren?
- Vergelijk een rivier met een meer. Wat zijn de verschillen?
- Benoem verschillende toestanden waarin water kan verkeren (bijvoorbeeld ijs en wolken). Zoek in je omgeving naar voorbeelden hiervan.
- Ga naar een natuurgebied bij je in de buurt en zoek naar verschillende natuurlijke leefgebieden.

De activiteit die ik gekozen heb, is: . . . .

Door mijn ervaring met de natuur voelde ik me: (Beschrijf hoe je je voelde.)

Wees reëel

Wanneer je over jezelf vernieuwen denkt, denk je dan: 'Wees even reëel. Wie heeft daar nou tijd voor? Ik zit de hele dag op school, doe naschoolse activiteiten en zit de hele avond te leren.' Er is voor alles een tijd – een tijd om evenwicht in je leven te hebben en een tijd om geen evenwicht in je leven te hebben. Soms is er gewoon geen evenwicht, en er zijn tijden dat je niet genoeg slaap krijgt, te veel ongezonde kost eet en te

> Evenwicht is in alles de sleutel tot succes. Verwaarloos je geest, lichaam of ziel niet. Steek in alle drie evenveel tijd en energie – het zal de beste investering zijn die je ooit zult doen, niet alleen voor je leven maar ook voor wat daarna ook maar mag volgen.
> TANYA WHEWAY

veel tijd kwijt bent aan leren of werken om ook nog te kunnen sporten. Maar er is ook een tijd om je te vernieuwen.

Wanneer je te lang te hard doorgaat, kun je niet goed meer nadenken, word je chagrijnig en verlies je het overzicht over je leven. Je denkt dat je geen tijd hebt om relaties op te bouwen, om te sporten of om geïnspireerd te raken, maar in werkelijkheid heb je geen tijd om dit niet te doen.

Je evenwicht hervinden

Ik ben de laatste tijd niet in evenwicht geweest. Waar of niet waar?

Waarom?

Ik kan stabiliteit en evenwicht in mijn leven terugbrengen door: (Beschrijf wat je kunt doen.)

Geloof het of niet, maar door dit werkboek door te werken breng je je leven meer in evenwicht – wanneer je de oefeningen en de babystapjes gedaan hebt, als je de tijd genomen hebt om je lichaam, je geest, je hart en je ziel te voeden! Goed gedaan!

Gewoonte 7

Babystapjes

Kies een of twee babystapjes die je kunt doen. Vertel iemand anders over je ervaringen of schrijf je ervaringen en dat wat je geleerd hebt hier op.

Lichaam

1. Eet een ontbijt.

2. Begin vandaag met een trainingsprogramma en houd het dertig dagen vol. Wandel, ren, zwem, fiets, rolschaats, ga fitnessen enzovoort. Kies een activiteit die je echt leuk vindt.

3. Geef een slechte gewoonte een week lang op. Gebruik geen alcohol, frisdrank, snacks, donuts, chocola of iets anders dat slecht is voor je lichaam. Kijk hoe je je na een week voelt.

Geest

4. Neem een abonnement op een interessant tijdschrift, bijvoorbeeld *National Geographic*.

5. Lees elke dag de krant. Besteed speciale aandacht aan de verhalen op de voorpagina en de opiniepagina's.

6. Ga de volgende keer als je uitgaat, eens naar een museum of een buitenlands restaurant waar je nog nooit bent geweest. Verbreed je horizon.

Hart

7. Ga samen met een familielid uit, bijvoorbeeld met je moeder of met je broer. Ga naar een wedstrijd, naar een film, winkelen of een ijsje halen.

8. Begin vandaag met het aanleggen van je humorverzameling. Knip je favoriete cartoons uit, koop grappige films of verzamel moppen. Je zult er al snel iets aan hebben als je gespannen bent.

Ziel

9. Kijk vanavond naar de zonsondergang of sta heel vroeg op om de zon te zien opgaan.

10. Als je dit nog niet doet, begin dan vandaag met het bijhouden van een dag-
    boek.

11. Neem elke dag tijd om te mediteren, na te denken over je leven of te bid-
    den. Doe waar je je het best bij voelt.

Babystapjes

Wat heb ik geleerd?

Welke babystapjes heb ik geprobeerd en wat heb ik ervan geleerd?

Geef de hoop
niet op!

En je zult bergen kunnen verzetten

Geef de hoop niet op

Dit werkboek is geschreven om je door de moeilijke en stormachtige tienerjaren heen te helpen – om je te helpen je weg te vinden door de jungle en je de hoop te geven dat je zult slagen! De hoop is dat je kunt veranderen, dat je van je verslaving af kunt komen, dat je een einde kunt maken aan een slechte relatie, dat je effectieve eigenschappen kunt ontwikkelen waar je een leven lang profijt van zult hebben, dat je je leven op orde krijgt en een evenwichtig leven gaat leiden. Dat is niet te veel gevraagd, toch?

Wanneer je je na het lezen van *Zeven eigenschappen die jou succesvol maken!* en het doorwerken van dit persoonlijke werkboek wat overdonderd voelt en geen idee hebt waar je moet beginnen, probeer dan een paar babystapjes. Blader terug door dit werkboek en vraag jezelf af: 'Met welke gewoonte heb ik de meeste problemen?'

> Dus kijk goed uit waar je loopt. Loop zeer voorzichtig en tactvol. En onthoud dat het leven een dans is op het slappe koord. En zul je slagen? Jazeker zul je dat! (98 en 3/4 procent gegarandeerd). Je zult bergen kunnen verzetten.
> DR. SEUSS,
> UIT *OH, THE PLACES YOU'LL GO*

Kies vervolgens twee of drie dingen om aan te werken. Schrijf ze hier op.

1. . . . .

2. . . . .

3. . . . .

Begin met die gewoonten en je zult versteld staan van het resultaat dat enkele kleine veranderingen teweeg kunnen brengen. Geleidelijk neemt je zelfvertrouwen toe en voel je je gelukkiger – je wordt 'high' zonder drugs. Wanneer je dat succes hebt behaald, kun je door naar de volgende.

De beste manier om je deze gewoonten eigen te maken is om ze met iemand anders te delen nu je alles nog goed in je hoofd hebt zitten.

Ik ga deze ideeën delen met de volgende persoon:

Als je merkt dat je ontmoedigd raakt of tekortschiet, bedenk dan dat kleine correcties enorm veel kunnen opleveren. Verlies de moed niet!

Ga voor het beste – je verdient het! En vergeet niet dit geweldige citaat uit *Zeven eigenschappen die jou succesvol maken!*:

> Je kunt geen voetstappen achterlaten in het zand der eeuwen door op je billen te blijven zitten. En wie wil er nu alleen bilsporen achterlaten?
> BOB MOAWAD

Schrijf je eigen concluderende motto voor een werkboek dat je net hebt voltooid – en een reis die nog maar net begint:

Babystapjes

Kies een of twee babystapjes die je kunt doen. Vertel iemand anders over je ervaringen of schrijf je ervaringen en dat wat je geleerd hebt hier op.

1. Ik houd een dagboek bij met mijn intiemste gevoelens, dromen, ambities en doelen.

2. Ik ga dit werkboek opnieuw bekijken en mezelf de vraag stellen wat ik vind van de antwoorden die ik gegeven heb. Ik ga mijn leven nauwkeurig onder de loep nemen: ben ik waar ik wil zijn of ben ik op de juiste weg om te komen waar ik wil zijn?

3. Ik ga een citaat uit mijn hoofd leren dat mij zal inspireren wanneer ik de moed verlies.

4. Ik geef de hoop niet op! En ik zal ook anderen helpen de hoop niet op te geven.

Babystapjes

Wat heb ik geleerd?

Welke babystapjes heb ik geprobeerd en wat heb ik ervan geleerd?

Over de auteur

Sean Covey werd geboren in Belfast, Ierland. Hij groeide op in Provo, Utah, in Amerika. Hij woonde daarna nog in Zuid-Afrika, Boston en Dallas. Hij studeerde cum laude af in Engels aan de Brigham Young University en haalde vervolgens zijn MBA aan de Harvard Business School. Hij werkte onder meer voor Deloitte & Touche en de Walt Disney Company. Nu is hij 'Vice President of Retail Stores' bij de FranklinCovey Corporation.

Zijn hobby's zijn naar de bioscoop of naar de sportschool gaan, mountainbiken, met zijn gezin leuke dingen doen, uit eten gaan (als het maar grote porties zijn!) en slechte poëzie schrijven. Hij woont met zijn kinderen en zijn vrouw Rebecca in de Rocky Mountains in Utah.

Disclaimer

Het is niet toegestaan (delen van) dit werkboek te kopiëren, noch thuis, noch in de klas of een andere groepssituatie.
Voor groepskortingen of afname van grotere aantallen kunt u terecht bij uitgeverij Business Contact, afdeling Verkoop:
T. 020-5249800
F. 020-6276851

Voor meer informatie over speciaal voor de Nederlandse en Vlaamse situaties ontwikkeld les- en cursusmateriaal kunt u contact opnemen met de FranklinCovey Onderwijsgroep:
T. 033-4530627
F. 033-4567636

De FranklinCovey Onderwijsgroep

Na Amerika en Japan is nu ook in Nederland en België een speciale FranklinCovey Onderwijsgroep werkzaam om directies, medewerkers en studenten van 7 tot 80 jaar kennis te laten maken met het gedachtegoed van Stephen R. Covey. Samen met onderwijskundige specialisten ondersteunt de FCOG als enige Covey-licentiehouder in de Benelux teams en individuen – van basisschool tot en met universiteit – om met meer voldoening en succes te leren. Deze ondersteuning komt onder meer in de vorm van kennismakingsworkshops in teambijeenkomsten en op ouderavonden, 7-Habit-*trainingen, gastcolleges, studiedagen en implementatietrajecten.*

Dit werkboek richt zich vooral op de leerling en de student die meer verantwoordelijkheid neemt voor het eigen leertraject; en op de leraar die leerlingen wil helpen om zich vaardigheden eigen te maken waardoor zij op school en in de maatschappij zelfstandig kunnen functioneren.

Dit persoonlijk leiderschap is al jarenlang een groot goed bij bedrijven maar komt nu ook op in het onderwijs. Meer verantwoordelijkheid geven aan leerlingen of studenten krijgt dankzij de Zeven Eigenschappen een nieuwe impuls.

Het leerproces moet weer opgevat worden als een persoonlijk traject. Een leerling of student moet, om de motivatie (terug) te vinden, 'mede-eigenaar' worden van zijn leerproces. Afhankelijk van de leeftijd en het verantwoordelijkheidsbesef stelt een leerling dan zijn eigen doelen. Leren wordt zinvoller en succesrijker als leerlingen en studenten meer te zeggen hebben over *wat* ze leren en *hoe* ze leren. Naast betere resultaten levert het vooral meer voldoening op. In sommige gevallen zal een leraar het proces moeten loslaten en zal de leerling of student zelf de touwtjes in handen moeten nemen om persoonlijk succes te boeken.

Met deze uitgangspunten is inmiddels bij diverse scholen en voor diverse leeftijden een schoolpraktijk ontwikkeld waarin kinderen (meer) kiezen en leerkrachten hen daartoe prikkelen. Er kan een spanningsveld ontstaan tussen de betekenis die (jongere) kinderen eraan geven en dat wat leerkrachten er zinvol aan vinden. FCOG probeert met behulp van het gedachtegoed van Stephen Covey *betekenisvol* en *zinvol* bij elkaar te brengen en daarmee het spanningsveld weg te nemen. Voor ervaringen, referenties, trainingen en steun: kijk op www.franklincovey.nl of neem contact met ons op.

FranklinCovey Onderwijsgroep
Ruimtesonde 3
3824 MZ Amersfoort
T. 033-4530627
F. 033-4567636